ALF

Rainer Büttner

ALF™

Locker vom Hocker

Dialoge von Siegfried Rabe

Loewe

CIP-Titelaufnahme der Deutschen Bibliothek

Büttner, Rainer:
Alf /Rainer Büttner. – Bindlach: Loewe.
Locker vom Hocker. – 1. Aufl. – 1991
ISBN 3-7855-2395-5

ISBN 3-7855-2395-5 – 1. Auflage 1991

Licensed by: Merchandising München
Der vorliegenden Titel erschien bereits 1988
unter dem Titel „Ich will alles!“ im Loewes Verlag.
Umschlagillustration: Ines Vaders-Joch
Satz: Con-Text GmbH, Bayreuth
Gesamtherstellung: Leipziger Verlags- und
Druckereigesellschaft mbH, Leipzig
Printed in Germany

Inhalt

Anwalt in eigener Sache

Willie war bester Laune. Das Footballspiel im Fernsehen entsprach voll seinen Erwartungen. Er griff in seine Erdnußtüte. Da stand ALF vor ihm, der Situation angemessen gekleidet: im roten Trainingsanzug.

„Oh, Football! Willie, rück mal'n Stück. Das will ich auch sehen! Wenn's dir recht ist."

Es war ihm nicht recht. Willie runzelte die Stirn. Zur Sicherheit drückte er die Tüte mit den Erdnüssen fest an sich. „O ALF, beim letzten Footballspiel hast du ständig gerülpst", wich er aus.

ALF war von diesem Protest wenig beeindruckt. Er quetschte sich zu Willie aufs Sofa und rülpste so laut, daß Kate beim Blumengießen fast die Gießkanne aus der Hand fiel.

„So haben wir auf Melmac applaudiert!" brachte er als Erklärung vor.

„ALF, es reicht! Bitte keinen Applaus mehr!" befahl Kate mit strenger Miene.

„Okay, dann werde ich eben klatschen!"

In diesem Moment kam Brian mit einem Football unterm Arm ins Wohnzimmer.

„Ich möchte ein bißchen üben. Wer von euch spielt mit?"

Willie stand auf. „Ich bin dabei. Es ist sowieso gleich Halbzeit."

„Kann ich auch mitspielen?" fragte ALF.

„Na klar!" Willie zeigte sich großzügig. „Wir spielen alle zusammen. Kate, komm auch mit."

„Ich passe", gab Kate knapp zur Antwort. Aber da protestierte ALF empört. „Die Pässe spiele ich!"

Kate führte geduldig aus: „Ich meine, ich spiel' nicht mit."

ALF ließ nicht locker: „Warum? Nur weil ich die Pässe spielen will?"

Kate stöhnte. Doch Brian drängelte: „Komm schon, ALF!"

Der Außerirdische im roten Trainingsdreß stieß erneut einen lauten Rülpser aus, während er hinter Brian herzottelte.

„Genug mit dieser Art von Applaus, hab' ich gesagt!" rief ihm Kate gereizt nach.

ALF drehte sich noch mal um und erklärte mit harmlosem Gesicht: „War auch kein Applaus. Das war, äh, Kräuterbier."

Kurz darauf schon tauchten Willie und Brian bei Kate in der Küche auf. An mangelhafter Kondition lag es wohl weniger, daß sie schon wieder in ihr Heim zurückkehrten. Schließlich wirkten sie frisch und munter. Allerdings auch etwas muffig.

„Das war aber ein kurzes Spiel", empfing sie Kate verwundert.

„Das Spiel wurde wegen ALF abgeblasen", ärgerte sich Brian. Empört begann Willie sich über ALFs außerirdische Vorstellungen von Football auszulassen. „Wir würden alles falsch machen, hat er gesagt. Und Brian mußte einen sehr komplizierten Paß spielen. Dann sollte er noch links ausbrechen ... auf- und niederhüpfen ... und sich um sich selbst drehen, immer im Kreis ..."

„Damit verunsichert er das andere Team." Kate glaubte die Taktik zu verstehen.

„Und dann", fuhr Brian fort, „sollte ich ein Loch graben und da übers Wochenende bleiben. Also, wir sehen uns lieber das Spiel im Fernsehen an."

Willie wollte Brian gerade folgen, als ein Football durch das Fenster sauste und scheppernd auf dem Abendbrottisch landete. Im selben Moment steckte ALF seinen Rüssel durch das Fenster.

„Was war das? Etwa kein Punkt für mich?"

Kate hatte sich schnell gefaßt. „Nein. Mein Geschirr hat deinen Angriff geistesgegenwärtig abgewehrt", meinte sie bissig.

Kaltschnäuzig stellte ALF fest: „Du hattest deine Teller im Schußfeld gestapelt."

Kate schnappte sich den Football und schmiß ihn mit voller Wucht aus dem Fenster. ALF schaffte es gerade noch rechtzeitig, in Deckung zu gehen. Er brüllte aus dem Garten zurück: „Paß auf! Du machst deinen Rasen kaputt."

Beim Abendessen dann glänzte ALF mit seinem enormen Appetit. „Football spielen macht Hunger", erklärte er Lynn.

Als sie wissen wollte, mit wem er überhaupt gespielt habe, mischte sich Kate ein: „Er hat mit sich allein gespielt."

„Und ich hab' gewonnen ... in der Verlängerung!" ALF war sichtlich mit sich zufrieden.

Kate schwante Übles. „Du bist doch hoffentlich nicht durch meine Blumenbeete getrampelt, oder?" Daran hatte sie vorher noch gar nicht gedacht.

„Wie kommst du denn darauf? Ich bin auf Zehenspitzen durch das Tulpenbeet."

Kate schien von ALFs Ballettkünsten nicht ganz überzeugt. In plötzlicher Sorge um ihren Vorgarten bestand sie darauf, ALFs Füße zu kontrollieren. „ALF, du hast meine Maßliebchen plattgewalzt!"

ALF setzte ungerührt seine Mahlzeit fort. „Die blühen sowieso nicht lange. Aber dafür habe ich deine Hyazinthen stehenlassen. Wenigstens die meisten. Aber, liebe Kate, wolltest du mir nicht die Füße massieren?" Kate verschlug's die Sprache.

In dem Moment klingelte es an der Eingangstür. ALF schnappte sich noch schnell ein Stück Kuchen und verzog sich in die Küche.

Rachel Ochmonek wollte die Tanners sprechen.

Willie starrte auf den Football, den die Nachbarin demonstrativ vor sich hielt. Ihr Gesichtsausdruck verhieß nichts Gutes.

„Hallo, Rachel. Stimmt was nicht?" erkundigte er sich besorgt.

Wie denn wohl der Football in ihren Hof gekommen sein könnte, fragte sie ironisch.

Kate kam Willie zu Hilfe: „Brian hat damit gespielt. Möglicherweise ... vielleicht hat er ihn ja über den Zaun gekickt."

„Der Ball flog durch unsere Fensterscheibe", sagte Rachel Ochmonek scharf.

„Oh, oh, das tut mir aber leid." Willie lächelte süßlich. „Ich werde den Schaden natürlich bezahlen."

„Durch unsere große Panoramascheibe ist er geflogen." Rachels Stimme war noch eine Spur schärfer.

Willie wurde schreckensbleich.

„Ich hol' dein Scheckbuch", bot Lynn bereitwillig an.

Doch Rachel Ochmonek drückte Willie das Corpus delicti in die Hand. „Ich schicke Ihnen die Rechnung. Und – achten Sie auf Brian: Kriminelles Verhalten muß im Keim erstickt werden", mahnte sie die verblüfften Eltern mit bitterernstem Gesicht. „Wer heute eine Scheibe einschmeißt, überfällt vielleicht schon morgen eine Bank", drohte sie dann. Schließlich habe Al Capone auch mal so angefangen. Selbstzufrieden dank ihrer weitsichtigen Fürsorge, zog Rachel Ochmonek ab.

Kaum hatten sie hinter der Nachbarin die Tür zugemacht, rief Kate mit zuckersüßer Stimme nach dem vermutlichen Missetäter. „Alfilein!"

ALF antwortete nicht minder süß: „Jaha!"

„Komm mal her ..."

„Null Problemo!"

Sekunden später kam ALF rein und überreichte Kate unterwürfigst ein Sträußchen halbverwelkter Gänseblümchen. „Kate, es tut mir leid wegen deiner Blumen. Bitte, nimm diese an, zusammen mit meiner Entschuldigung."

Kate schöpfte Verdacht. „Sie riechen wie deine Füße."

„Ich hab' sie mit Lavendelseife gewaschen."

Willie kam zur Sache. Den Football hinter sich auf dem Rücken, fragte er scheinheilig: „ALF, wo ist unser Football?"

„Hinter deinem Rücken", antwortete ALF trocken.

Im gleichen nüchternen Ton fuhr Willie fort: „Rachel sagt, er hätte ihr Fenster kaputtgemacht."

„Das ist ja lächerlich", sinnierte der Hobbyphilosoph ALF. „Schließlich", so seine Argumentation, „können Fußbälle allein doch keine Fensterscheiben kaputtmachen. Das sind schon eher die Menschen."

„Oder die Außerirdischen."

ALF reagierte heftig auf Willies zarten Hinweis. „Ich? Wieso glaubt ihr, daß ausgerechnet ich etwas kaputtmache ?"

Kate konterte messerscharf: „Schließlich hast du auch mein Geschirr beschädigt. Aber weiter", sie ließ nicht locker. „Wie ist dieser Football in Ochmoneks Garten gekommen? Was meinst du?"

„Ich hätte da so eine Theorie." Gewissenhaft schilderte er das Geschehen an Ochmoneks Zaun: „Ich habe den Ball ganz leicht getreten, er stieg ganz sanft in die Luft ... und kam nicht wieder runter ..."

„Und was ist deine Theorie?" unterbrach ihn Lynn.

ALF ließ sich nicht aus der Ruhe bringen.

„Meine Theorie geht in Richtung Einstein. Es handelt sich um ein Versagen der Schwerkraft."

Jetzt platzte Willie der Kragen. „Die Schwerkraft hat funktioniert, und zwar in Ochmoneks Garten. Der Ball krachte durch ihr Panoramafenster. Was mich ein Vermögen kostet."

ALF beteuerte mit dem unschuldigsten aller Unschuldsgesichter, daß es ihm schwerfalle, Willies Theorie zu akzeptieren. „Denn", erklärte er glaubhaft, „wenn ich ein Geräusch gut kenne, dann das Zersplittern von Glas ... oder Geschirr ... oder das Zerbrechen von Keramik ... und elektrischen Geräten."

Vergeblich. Für Willie gab's keinen Zweifel: Der Täter, in Gestalt eines Außerirdischen, war gefunden.

Lynn versuchte ein letztes Mal, ALF zu helfen. „Paps, wir haben keinen Beweis, daß es ALF war."

ALF lächelte ihr zu. „Danke, Lynn." Dann gab er Willie und Kate die Denkanregung: „Vielleicht war sie es sogar."

Lynn ging unberührt darüber hinweg. „Aber es könnte eine andere Erklärung geben.“

„Klar, sogar eine ganze Reihe von Erklärungen.“ ALF gewann sofort wieder Oberwasser und nannte Erklärung Nummer eins: „Die Ochmoneks haben Tina Turner zum Tee eingeladen ... Tina singt das hohe C ... und peng ... die Scheibe ist hin.“

ALF hatte jetzt zu seiner Bestform gefunden, redete ohne Atempause weiter. „Und hier die Erklärung zwei: Ein Magier kommt vorbei und läßt Trevor Ochmonek im Wohnzimmer schweben und versehentlich ...“

Willie war mit seiner Geduld am Ende. „Hör auf!“ brüllte er. „Hör sofort damit auf!“

„Schade, ich hätte noch achtzehn weitere Möglichkeiten, wenn auch einige ein bißchen weit hergeholt sind ...“

Brian kam herein und merkte sofort, daß irgend etwas nicht in Ordnung war.

„Was hat denn ALF wieder angestellt?“ fragte er und traf damit den Nagel auf den Kopf.

„Nichts!“ brummte ALF.

Lynn erklärte ihrem Bruder die Situation.

„Du warst es doch nicht, Brian, oder?“ vergewisserte sich Willie. ALF war es also tatsächlich gelungen, ihn zu verunsichern.

„Nein.“

Bei Kate zeigten ALFs philosophische Bemühungen ebenso ihre Wirkung. Und auf einmal hatte sie auch wieder Rachel Ochmoneks mahnende Stimme in den Ohren: „Kriminelles Verhalten muß im Keim erstickt werden!“

„Brian, Liebling“, wandte sie sich besorgt an ihn, „es ist sehr wichtig.“

„He, Kate“, fuhr ALF dazwischen, „wenn der Kleine sagt, daß er es nicht war, dann war er es auch nicht. Mußt du gleich die Daumenschrauben anlegen?“ Damit hatte er sich wieder den Schwarzen Peter zugeschoben.

„Wenn er's nicht war, dann bleibst du der Spitzenkandidat", folgerte Kate prompt und deutlich erleichtert.

Doch ALF war nicht so schnell aus der Fassung zu kriegen. Schließlich konnte auch dem größten Philosophen und Denker ein Fehler unterlaufen. Also, am besten das Ganze zurück: „Brian, Liebling, es ist sehr wichtig", flötete er. „Hast du die Scheibe kaputtgemacht?"

„Nein."

Die Situation war wiederhergestellt.

Jetzt wurde es Willie endgültig zu bunt. „Schluß mit der Debatte! ALF, du hast Fernsehverbot ... für einen Monat!"

Das traf wie ein Keulenhieb! ALF war außer sich ob der Ungerechtigkeit dieser Welt. „Wieso? Was habe ich denn gemacht? Du kannst doch nicht einfach mir nichts, dir nichts solche drakonischen Strafen verhängen. Ich verlange eine ordentliche Verhandlung."

„Verhandlung", schnaubte Willie verächtlich, „dazu besteht überhaupt keine Veranlassung. Vergiß es."

Mit Verzweiflung in Augen und Stimme machte ALF auf die ungeheuerliche Ungerechtigkeit aufmerksam: „Also, du setzt einfach voraus, daß ich schuldig bin, und bestrafst einen unschuldigen Außerirdischen."

Lynn und Brian hatten Mitleid mit dem Außerirdischen.

„Vielleicht sollte er seine Verhandlung bekommen", bat Lynn.

Brian unterstützte sie: „Auch mein Lehrer sagt, jeder ist unschuldig, bis seine Schuld bewiesen ist." Und mit einem Blick auf ALF, der mit ernster Miene im Wohnzimmer auf und ab spazierte, stellte er fest: „Er sieht ziemlich unschuldig aus."

„Er sieht aus, als warte er auf einen Oscar", korrigierte Kate.

„Okay. ALF soll seine Verhandlung bekommen", kapitulierte Willie schließlich, „ ... und ich bin der Richter."

Doch damit konnte ALF sich nicht zufriedengeben.

„Nimm's mir nicht übel, Willie, ich hätte gern einen fairen Prozeß."

Lynn schlug ihre Mutter als Richterin vor. Dagegen hatte ALF nichts einzuwenden. Aber Kate wollte nicht.

ALF, der sein Ziel jetzt erreichbar nahe sah, machte Kate die Sache schmackhaft: „Wenn ich schuldig gesprochen werde, akzeptiere ich die Strafe: einen Monat ohne Fernsehen!"

Damit war Kate überzeugt. „Gut, dann schildere uns deinen Fall!" Sie hatte vor ALF Position bezogen und sah mit strenger Miene zu ihm hinab.

ALF ließ sich nicht einschüchtern. „Jetzt? Was glaubst du denn? Ich brauche Zeit für meine Vorbereitung. Ich brauche eine Vorladung, eidesstattliche Erklärungen und eine Sekretärin natürlich auch ..."

Kate war verdutzt. Sie zögerte einen Moment. „Gut", beschloß sie dann, denn eigentlich kam ihr ALFs Einwand nicht ungelegen. „Der Prozeß wird vertagt. Auf morgen früh nach dem Frühstück."

Bevor Kate in der Küche verschwinden konnte, ergriff ALF noch einmal das Wort. „Wie Sie wünschen, Euer Ehren. Und ich werde Ihr Urteil annehmen. Und das ist nicht bloß so dahergesagt."

„Versuch bloß nicht, mich einzuwickeln", warnte ihn Kate.

Was für eine Verdächtigung! Sie war doch wirklich durch nichts und wieder nichts zu rechtfertigen. Schließlich war ALF unschuldig. Da hatte er's doch nicht nötig, seine Richterin einzuwickeln!

„Ich möchte dir trotzdem sagen, daß ich deine neue Frisur fabelhaft finde", schmeichelte er mit treuherzigem Augenaufschlag.

„Mach's halblang, ALF!"

„Ich bin halblang, Kate, und ich mach' mich nicht größer. Glaub mir, du siehst einfach brillant aus, wirklich brillant. Doch das nur am Rande."

So, jetzt hatte ALF aber keine Zeit mehr zu verschwenden.

Er zog sich zurück, um sich auf den Prozeß vorzubereiten, vorsorglich eingedeckt mit einem Stapel Sandwiches und einem Riesenberg Erdnüssen. Denn Denken, so überlegte ALF, macht Hunger. Dann raste er noch mal los: Es fehlte die Limonade. Denn Erdnüsse machen Durst.

Am nächsten Morgen wurde das Wohnzimmer der Tanners umgebaut. Schließlich mußte die Umgebung stimmen, das heißt, dem Ernst der Situation angemessen sein. Sie funktionierten den Eßtisch zum Richtertisch um und stellten das Sternenbanner im Miniformat darauf, das die Bedeutung dieses Möbelstücks unterstrich. Davor rückten sie das Sofa und die Sessel.

Dann kündigte Brian das große Ereignis an: „Ruhe! Ruhe!! Ruhe!!! Die Sitzung des Gerichts hat begonnen. Den Vorsitz führt die ehrenwerte Richterin Mami Kate."

Lynn und Willie, die bereits im Zuschauerraum Platz genommen hatten, blickten voll Respekt auf die Richterin. „Wo bleibt ALF?" fragte Kate leicht ungeduldig in ihrem schwarzen Jäckchenkleid.

„Da kommt er. In meinem Anzug!" brummte Willie.

Der Angeklagte trat herein: eine vornehme Erscheinung mit schwarzem Anzug, weißem Hemd und Krawatte. Schwer zu glauben, daß solch ein Gentleman Fensterscheiben zerdepperte.

Der Angeklagte schien in seine Papiere vertieft zu sein.

„Können wir anfangen, Schätzchen?" drängelte Willie.

„Einspruch, Euer Ehren!" rief der Angeklagte ALF dazwischen. „So geht's nicht. Es wird keine Gerechtigkeit geben, wenn ich Sie ‚Euer Ehren' nenne, und der Anklagevertreter nennt Sie ‚Schätzchen'."

Kate schüttelte den Kopf. „Das gehört nicht zur Sache, ALF."

„Vielleicht schließen wir einen Kompromiß. Wir nennen Sie ‚Euer Schatz'." Und er strahlte Kate voller Charme an:

„Ah, lassen Sie mich noch sagen, Ihr Kleid ist eine ausgezeichnete Wahl. Gebieterisch irgendwie und doch feminin."

„Das ist doch wirklich lächerlich." Willie warf Kate einen verzweifelten Blick zu.

ALF schlug empört mit der Hand auf den Richtertisch und forderte lautstark: „Ich bitte ins Protokoll aufzunehmen, daß Willie Euer Kleid haßt."

Kate wollte schlichten. „Willie hat mir das Kleid doch geschenkt."

„Da haben wir's! Er hat also versucht, den Richter zu bestechen."

Ohne weiter auf ALFs Vorgeplänkel einzugehen, forderte Kate ihren Mann auf, die Anklageschrift zu verlesen.

Willie war sich der Bedeutung der Angelegenheit wohl nicht so ganz bewußt. Man brauchte nur seine Aufmachung anzusehen: kariertes Hemd und Gammelhose. Wenn das nicht von schlechtem Stil zeugte! Und eine Anklageschrift hatte er auch nicht vorbereitet. Als hätte er das nicht nötig! Willie war von seinem Platz aufgestanden, hatte sich geräuspert und erklärte nun: „Das kann ich auch so. Kurz gesagt: ALF hat die Scheibe zerbrochen." Er setzte sich wieder.

Bevor Kate etwas sagen konnte, ergriff ALF das Wort. „Eine tolle Rede, Herr Staatsanwalt", höhnte er. „Ich bin so gut wie verloren. Ha! ha! ha!" Er lachte spöttisch.

Kate unterbrach ihn und fragte nach seiner Verteidigungsrede.

Jetzt kam ALFs große Stunde. Er stellte sich in Positur, rückte die Krawatte zurecht, holte tief Luft und begann: „Nur ein kurzer Kommentar. Seit Beginn der Menschheit wurden Unschuldige ungerechtfertigt angeklagt. Adam und Eva wurden aus dem Garten Eden vertrieben aufgrund einer unbewiesenen Anschuldigung, einen Apfel betreffend."

ALF war in seinem Element. Auch Brians Zwischenruf: „Aber Adam und Eva waren schuldig", konnte ihn nicht stoppen.

„Wir kommen zum zweiten Fall: Kain und Abel!“ Gemessenen Schrittes trat ALF zum Richtertisch.

Kate beugte sich vor: „Sag mal, soll das eine Reise durch die Biblische Geschichte werden?“

„Euer Ehren, die Bedeutung dieses Falls verlangt, daß alle Präzedenzfälle angemessen berücksichtigt werden.“

„Wenn das so ist, müssen wir das Mittagessen leider verschieben.“

Das hatte gewirkt. ALF war erschrocken: „Dann fass' ich zusammen: Ich habe dieses Fenster nicht kaputtgemacht. Wir können essen.“

Kate wollte die Verhandlung lieber erst hinter sich bringen und bat Willie, den Ankläger, um seine Beweise.

Willie stand auf, nahm seine Brille ab, setzte sie wieder auf und hub an: „Der Fall ist einfach, Euer Ehren. Was wir haben, ist, äh, ein zerbrochenes Fenster, und wir haben einen Angeklagten mit einer langen, langen Liste leichtsinniger Verhaltensweisen.“

Willie war in Fahrt gekommen und gestikulierte heftig. „Beginnen wir mit dem Tag, als er mit seinem Raumschiff unsere Garage zerstörte.“

ALF fiel ihm ins Wort: „Was noch? Nennen Sie zwölf weitere Beispiele!“

Willie kam der Aufforderung nach, ohne zu zögern. „Er hat Feuer im Wohnwagen gelegt. Er hat unseren Christbaum gefällt. Er hat den Toaster kaputtgemacht.“

ALF zählte an den Fingern mit und schüttelte ungläubig den Kopf.

Willie war jetzt nicht mehr zu bremsen. „Er hat ein Bild vernichtet. Er hat den Wagen gestohlen, den Hinterhof aufgegraben, mein Klavier beerdigt – damit hat er mich übrigens am meisten getroffen. Er hat mich verhaften lassen, unsere Kreditkarte benützt, hemmungslos und illegal. Er hat den Fernseher kurzgeschlossen, die Katze terrorisiert, und die Küche ist explodiert. Und es ist doch wohl naheliegend, daß solch eine Kreatur auch den Fußball durch Ochmoneks Fenster gekickt hat."

„Brillant!" entfuhr es Brian nach dieser Anklage.

Das brachte ihm jedoch eine Abfuhr von Lynn ein. „Laß das bitte!" Lynn sah mit Bedauern ALFs Felle davonschwimmen.

Dieser wandte sich jetzt staunend und betroffen an Kate. „Habe ich das wirklich alles gemacht?"

Kate antwortete sanft und mitleidsvoll: „Ich fürchte, ja. Wir haben die Liste letzte Nacht durchgearbeitet."

ALF wurde mißtrauisch. „Wo?"

„Im Bett."

„Einspruch, Euer Ehren!" begehrte er aufgebracht. „Ich brüte die ganze Nacht über Gesetzesbüchern, während du im Bett mit diesem Winkeladvokaten Komplotte schmiedest."

Willie zuckte zusammen.

Kate beugte sich zu ALF vor und erklärte mit strenger Miene: „Du verlierst die Kontrolle!"

„Ich dulde an meinem Berufsstand keinen Makel", machte ALF, jetzt in der Rolle seines eigenen Verteidigers, deutlich.

Willie bat, dem Angeklagten ein paar Fragen stellen zu dürfen. Natürlich hatte Verteidiger ALF nichts dagegen. Denn sein Mandant hatte ja nichts zu verbergen.

„Hast du, was dieses zerbrochene Fenster angeht, ein Alibi?" wollte Willie wissen.

ALF verneinte.

„Wie du selbst ausgesagt hast, hast du den Football in den Garten der Ochmoneks geschossen?"

„Wie ich ausgesagt habe, gab es dabei keinerlei Geräusche. Wenn ein Fenster zerbricht im stillen Wald, und es ist dabei absolut nichts zu hören, ist es dann wirklich zerbrochen?" ALF nahm gelassen auf der Anklagebank Platz.

„Wenn du in der Nähe warst, dann schon …" antwortete Willie. ALF traute seinen Ohren nicht. Dann fuhr Willie mit nicht überhörbarer Ironie in der Stimme fort: „Also, willst du immer noch behaupten, Tina Turner war die Täterin?"

„Es liegt immerhin im Bereich des Möglichen."

„Es ist nicht möglich ..."

„Es ist durchaus möglich."

„Es ist nicht möglich. Weil nämlich Tina Turner an dem fraglichen Tag nicht in der Stadt war. Ich hab's überprüft." Triumphierend hielt Willie dem Angeklagten das Ergebnis seiner Untersuchung unter die Nase.

ALF gab sich noch immer nicht geschlagen. „Und weißt du auch, wo Ella Fitzgerald war?"

Willie verzichtete auf weitere Fragen.

Verteidiger ALF hatte das Wort.

„War das alles? Das waren deine Beweise? Du bist eine Schande für unseren Beruf." Verächtlich sah ALF ihn von oben bis unten an. Dann sammelte er sich wieder. „Ich rufe in den Zeugenstand ..." Er hielt inne. Nachdenklich, mit bedeutungsvoller Miene schaute er in die Luft.

„Was ist los?" platzte Kate in die Stille.

„Jetzt hast du meine dramatische Pause ruiniert", kreischte ALF entrüstet. „Ich wollte gerade einen Überraschungszeugen aufrufen." Streng blickte er Kate an. Dann begann er von neuem: „Ich rufe in den Zeugenstand ..." Wieder machte er eine bedeutungsvolle, aber diesmal kürzere Pause: „Lynn Tanner!"

Lynn war überrascht: „Mich?"

ALF brüstete sich: „Da staunt ihr, was? – Lynn Tanner, wie lange kennen Sie den Angeklagten schon?"

Lynn nahm zögernd Platz im Zeugenstand und antwortete: „Ich kenne dich, also ich meine, den Angeklagten, etwa seit einem Jahr."

„Würden Sie sagen, der Angeklagte hätte, äh, Ähnlichkeit mit einem Heiligen?" setzte er sein Kreuzverhör fort.

Den Ernst der Sache verkennend, mußte Lynn lachen. „Na ja, wenn, dann höchstens mit Sankt Bernhard."

Jetzt prustete auch noch Willie los: „Hahaha, ALF der Bernhardiner."

Damit handelte er sich einen scharfen Verweis von ALF ein: „Ruhe, Rechtsverdreher!"

Dann wandte sich ALF wieder an Lynn. „Glauben Sie, daß der Angeklagte das Fenster kaputtgemacht hat?"

„Ich glaube nicht."

„Danke, Sie sind entlassen. Als nächsten Zeugen rufe ich auf ..." ALF zögerte. Er wirkte unsicher. „Äh, ich muß noch etwas überprüfen", murmelte er verlegen. Er winkte Brian zu sich und fragte ihn im Flüsterton: „Glaubst du, daß ich das Fenster zerbrochen habe?"

Brian zuckte mit den Schultern. Da überreichte ihm ALF ein eingewickeltes kleines Geschenk mit der Aufforderung: „Dann denk darüber nach." Er erhob seine Stimme wieder. „Ich rufe Brian Tanner in den Zeugenstand."

Willie fuhr empört auf: „Das gibt's doch nicht! Einspruch! Der hat ihn bestochen."

ALF machte eine wegwerfende Handbewegung und beschwichtigte Willie: „Es handelt sich hierbei lediglich um ein vorgezogenes Geburtstagsgeschenk. Aber bitte, bevor Sie Argwohn schöpfen, verzichte ich auf die Befragung dieses Zeugen."

Kate fragte nach weiteren Zeugen.

ALF verneigte sich.

„Euer Ehren, ich rufe nun mich selbst in den Zeugenstand." Und ALF begann ein Frage- und Antwortspiel mit sich selbst.

„Haben Sie die Fensterscheibe zerbrochen?"

„Nein!"

„Aber Sie wissen ja noch nicht einmal, von welcher Fensterscheibe die Rede ist."

„Ich nehme an, Sie meinen das Fenster der Ochmoneks."

„Dann nehmen Sie wohl auch an, daß Sie an der ganzen Sache unschuldig sind?"

„Ich habe damit nicht das geringste zu tun."

Richterin Kate wurde diese Art der Zeugenbefragung langsam zu bunt. „Was soll das eigentlich?"

„Ich gebe der Verhandlung etwas Individualität“, erklärte ALF von oben herab.

„Mir reicht's. Ich möchte nichts mehr weiter hören. Die Plädoyers!

„ALF war es!“ rief Ankläger Willie spontan.

„Nein, er war es nicht!“ protestierte Verteidiger ALF.

Kate beschloß, das Urteil zu fällen.

„Lassen Sie sich Zeit, Euer Ehren“, mahnte ALF mit ernster Miene. „Wägen Sie die Beweise wieder und wieder gegeneinander ab. Es spielt keine Rolle, ob das Tage dauert. Wochen, Monate können wir auf das Urteil warten ...“ Beschwörend legte er die Pfoten vor die Brust. „... sofern nur der Gerechtigkeit Genüge getan wird und der Richterspruch lautet: Nicht schuldig.“

Kate zeigte sich wenig beeindruckt und verkündete: „Ich bin soweit.“

ALF konnte es kaum glauben: „Was, jetzt schon? Ist es gut oder schlecht für mich?“

„Schlecht für dich.“

„Dann will ich das Urteil nicht hören. Bitte, nehmen Sie dieses kostspielige Abschiedsgeschenk von mir an.“ Er schob Kate ein kleines Präsent über den Richtertisch.

Empört wies sie es zurück. „Nein, vielen Dank. Ich verurteile dich zu dreißig Tagen Fernsehentzug.“

„Schon gut, schon gut. Ich sehe ein, daß ich unrecht hatte. Ich will keinen Prozeß.“

Die nächsten Tage gehörten zu den düstersten in ALFs Leben. Vor lauter Verzweiflung über das Fernsehverbot hatte er sich in seinen Korb im Wäschezimmer zurückgezogen.

Im Vorbeigehen hörte Lynn von dort Stimmen.

„Blanche, mit wem wirst du heute nacht ins Bett gehen?“

„Mit allen, mein Lieber.“

Lynn warf einen erschrockenen Blick in den Raum. „Was machst du denn da, ALF?“ fragte sie erstaunt.

„Es ist neun Uhr. Ich sehe mir die ‚Golden Girls' an. Was denn sonst? – Sag ‚guten Tag, Sophia'. – Heute nicht. Heute …"

„Hör sofort damit auf, ALF!" unterbrach ihn Lynn entsetzt.

„Du hast recht, Lynn, die machen jede Woche dieselben Witze. Wie wär's mit Musik? Ich schalte jetzt um auf ‚Tanzfieber'. ALF begann lauthals zu singen: „Baby, let's have a dance ..." Dabei zog er an einer Wäscheleine, auf der er Puppen befestigt hatte. „Ja, los, ihr Tanzvipern!" schrie er und ließ die Puppen tanzen.

„ALF", sagte Lynn leise, „ich glaube, du schnappst langsam über."

„Ja, dann steck mich in eine Überschnappanstalt, aber mit einem riesigen Fernseher."

„Aber du hast doch die Verhandlung gewollt, ALF!" erinnerte ihn Lynn.

ALF drückte auf die Tränendrüse. „Ja, weil ich der Gerechtigkeit zum Sieg verhelfen wollte. Aber ich habe mich wohl geirrt. Ich wurde für eine Tat bestraft, die ich nicht begangen habe." ALF sank in den Kissen des Wäschekorbs zusammen wie ein einziges Häuflein Elend.

Lynn beugte sich voller Mitleid über ihn. „Du hast es wirklich nicht getan, nicht wahr?"

„Nein! Wenigstens du glaubst mir doch, wenn ich das sage, oder?"

„Natürlich glaube ich dir."

„Danke. Wenn ich nur einen besseren Anwalt gehabt hätte."

Lynn protestierte. „Ach, ALF, ich finde, du hast dich prima verteidigt."

„Würdest du dich auch von mir verteidigen lassen?"

Lynn holte tief Luft und sagte schließlich nach längerer Bedenkzeit: „Ohne jede Frage, ALF."

Ihr Gespräch wurde unterbrochen, weil es an der Haustür klingelte. Lynn ging raus, um nachzusehen, wer kam. Es war

Trevor Ochmonek. Verlegen stand er unter der Tür. „Ich muß mit Brian sprechen“, stieß er schließlich hervor.

„Mit mir?“ Brian kam überrascht aus dem Wohnzimmer. „Was gibt es denn?“

Trevor trat von einem Fuß auf den anderen. „Es geht um das Fenster. Es tut mir sehr leid. Man hat dich beschuldigt, aber – ich bin es gewesen.“

„Was? Sie haben das Fenster kaputtgemacht? Warum das denn?“

Trevor lächelte traurig. „Ja, weißt du, ich hab’ euren Fußball in unserem Garten gefunden. Und da fielen mir die ruhmreichen Tage ein, als ich auf der High-School in der Abwehr gespielt habe. Sieben Jahre lang ...“

„Da waren Sie wohl sehr gut in Sport?“ Leichter Neid klang in Willies Frage mit.

„Ja. Jedenfalls wollte ich jetzt einfach noch mal einen Paß spielen, vom Vogelbad zur Sonnenuhr. Aber der Ball prallte vom Gartenzwerg ab und knallte durch die Scheibe.“

Kate blickte den alternden Footballstar verständnislos an. „Und wieso haben Sie es Rachel nicht einfach gesagt?“

Trevor erklärte zerknirscht: „Ich wollte ihr Bild von mir nicht zerstören. Sie hält mich immer noch für einen Footballhelden. Außerdem“, wußte er sich zu rechtfertigen, „habe ich erst heute morgen erfahren, daß Brian beschuldigt wird. Ich hab’ nämlich gesehen, daß er auf euer Badezimmerfenster ‚Ich bin unschuldig‘ gesprüht hat. Und in dem Moment ist mir ein Licht aufgegangen, und ich hab’ mir gedacht, das muß ich aufklären.“ Und der riesige Trevor beugte sich hinunter zu Brian. „Entschuldigung, mein Kleiner.“

Brian zeigte sich gutmütig. „Schon in Ordnung, mein Großer“, meinte er leichthin.

Trevor fiel noch etwas ein. „Übrigens, Brian, ‚unschuldig‘ wird nur mit einem l geschrieben.“

Kate sinnierte vor sich hin: „Tja, das war wohl ein Justizirrtum. “

„Was?“ Trevor hatte nicht verstanden.

„Ach, äh … gar nichts.“

„Ich hoffe, wir haben euch nicht zuviel Ärger gemacht.“ Trevor wandte sich zum Gehen. „Übrigens“, erinnerte er sich noch, „hier ist die Rechnung. Rachel sagt, daß ihr sie bezahlt.“

Die Tanners starrten mit offenem Mund auf Trevor und das Papier in seiner Hand. Willie fing sich als erster wieder.

„Das ist ja wohl ...“ begann er.

„... nur ein kleiner Scherz“, fuhr Trevor lachend fort, steckte die Rechnung wieder ein und ging.

Die Tanners blickten sich verdutzt an.

Schließlich ergriff Kate das Wort. „Meine letzte offizielle Handlung als Richter ist der Vorschlag, daß wir uns schleunigst bei ALF entschuldigen.“

Willie war sofort einverstanden. „Ich mach' das schon. Schließlich war ich der Ankläger und ...“

Ein ohrenbetäubender Lärm unterbrach ihn und machte im selben Moment seinen Vorsatz zunichte. Irgendwo im Hause mußte ein Fenster zu Bruch gegangen sein.

„Ruhe, Ruhe, Ruhe!“ befahl Brian trocken. „Die Sitzung des Gerichts ist eröffnet.“

Zur besten Sendezeit

Der Mann im blauen Overall hievte unter lautem Stöhnen ein kleines Gerät auf den Fernseher der Tanners. Schon seit geraumer Zeit verfolgten Kate, Willie, Lynn und Brian mit wachsender Spannung die Anschlußarbeiten von Ron, dem Techniker vom Thompson-TV-Registrierdienst, auch Thompson-Familie genannt.

In dem Moment erschien ein behaarter Kopf in der Küchendurchreiche. Wenn es ums Fernsehen ging, durfte einer nicht fehlen. Schließlich war er der Oberglotzer der Familie. Mit einer Mischung aus Mißtrauen und neugierigem Interesse verfolgte er aufmerksam jeden Handgriff des Mechanikers. Er war beunruhigt. Schließlich fummelte da ein Wildfremder an seinem Lieblingsspielzeug herum.

Willie wurde gleich völlig hektisch. Mit wilden Gesten machte er ALF unmißverständlich deutlich, daß er schnellstens untertauchen sollte.

Ron stöhnte bereits wieder laut auf und erklärte endlich den gespannt dreinblickenden Tanners die Funktion des von ihm installierten Registriergerätes. In der Hand hielt er eine kleine silberne Schachtel mit jeder Menge Knöpfe drauf.

„Und, ähm, mit dieser Fernbedienung geben Sie Ihre Codenummer ein. Dann schaltet sich das Gerät ein und zeichnet auf, wer was sieht. Und mit diesen Daten nimmt unsere Gesellschaft dann die Auswertung vor!"

Aus der Küche war ein Scheppern zu hören. Beunruhigt schaute Ron sich um.

„Katze", sagte Kate mit gespieltem Gleichmut. Rons Blick blieb skeptisch. Und in dem Moment war aus der Küche ein Getöse zu hören, als wenn soeben ein Erdbeben das gesamte Kücheninventar vernichtet hätte.

Kate sah sich genötigt, ihren Erklärungsversuch von vorhin zu ergänzen. „Große Katze", sagte sie leichthin und zuckte entschuldigend mit den Schultern.

Nervös sah sich der Fernsehmann Ron die Tanners an, und plötzlich hatte er es ziemlich eilig. Dieses Haus und diese Familie waren ihm nicht geheuer. Er schmiß die Gebrauchsanleitung für das Registriergerät hin und verabschiedete sich hastig, nicht ohne den Hinweis noch zu geben: „Wenn Sie noch Fragen haben, rufen Sie einfach bei uns im Büro an!"

Kaum war Ron verschwunden, tauchte ALF wieder in der Durchreiche auf. „Wo ist Ron?" fragte er scheinheilig. „Er hat doch hoffentlich Lynn keine unanständigen Witze erzählt. Solche wie ‚Da hatte eine Frau einen Hund …' "

„ALF!" Kates barscher Ton ließ ALF jäh verstummen. Kate war überhaupt nicht nach ALFs unsäglichen Schmuddelwitzen zumute. Sie interessierte etwas ganz anderes: „Was hast du da in der Küche angestellt, du elendes Monster?"

„Ich habe nach Tomatenpüree gesucht, und dabei ist mir eine Tomate runtergefallen", versuchte ALF das Getöse herunterzuspielen. Geschickt wechselte er das Thema. „Was ist denn das für ein Gerät? Ist das vielleicht für Bildschirmtext? Kann ich armer, von der Außenwelt verbannter Alfi damit vielleicht per Fernseher einkaufen?"

ALFs Ohren zuckten aufgeregt. Er sah ungeahnte Möglichkeiten auf sich zukommen.

Kate machte alles mit einem einzigen Satz zunichte. „Nein, ALF, das ist ein Registriergerät! Wir gehören jetzt zur Thompson-Familie", erklärte sie stolz.

ALF kapierte gar nichts. Wieso auf einmal Thompson-Familie? Gerade erst hatte er gelernt, wie man Tanner buchstabierte. Da wollte er schon genauer wissen, was es mit diesem seltsamen Kästchen auf sich hatte.

„Das ist ein Thompson-Zuschauer-Zähler. Den gibt es in vielen ganz normalen Durchschnittsfamilien." Willie versuchte Licht in ALFs Dunkel zu bringen. „Das Gerät registriert, was wir im Fernsehen sehen", fuhr er fort. „Das Ganze dient der Werbewirtschaft, die so herausfindet, welche Sendungen attraktiv genug sind, um sie mit Werbung zu unterbrechen. Außerdem erspart uns das Gerät die monatlichen Fernsehgebühren. Die werden uns nämlich für die kleine Mühe, das Registriergerät zu bedienen, erlassen."

Nun war ALF nicht mehr zu halten. So schnell er es auf seinen Stummelbeinen konnte, raste er ins Wohnzimmer. Gerade noch rechtzeitig, denn Kate verteilte gerade die persönlichen Codenummern, die künftig jeder eingeben mußte, wenn er sich eine Sendung ansah.

ALF tapste nervös von einem Bein aufs andere. „Und was

ist mit mir?“ quengelte er. „Kriege ich keine Nummer? Okay! Okay! Ich bin ja nur ein Außerirdischer und kein Gastarbeiter!“ Dramatisch schlug ALF die Hände vors Gesicht. „Wenn ich keine Nummer kriege“, maulte er weiter, „dann gebt mir wenigstens einen Buchstaben!“

„Okay, hier hast du einen“, schleuderte Kate ihm an den Kopf. „N wie Nein!“

„Nein hat vier Buchstaben“, konterte ALF und mußte sich im selben Moment ducken. Kate hatte in einem Anfall von Wut ein Kissen Richtung Melmac geschleudert.

Willie hatte Mitleid. „Versuch doch zu verstehen, ALF. Diese Zuschauermessung ... beziehungsweise Personenzählung ist ... äh ... begrenzt auf ... gemeldete Einwohner ... nichts für dich. Die werbende Wirtschaft ist sicherlich nicht interessiert an ... Zuschauern aus dem Weltall.“

Für ALF war damit alles klar. „Das ist unmenschlich“, protestierte er. „Ganz zu schweigen von der qualvollen Zumutung deiner grammatikalischen Konstruktion. Aber schon verstanden, alles roger! Mit anderen Worten liegt die Bedeutung in Thompson-Familie auf ‚Familie‘.“

Verstohlen wischte sich ALF scheinbar eine Träne aus dem Augenwinkel. Diese Masche hatte bis jetzt noch immer gewirkt. Und auch dieses Mal hatte ALF sich nicht verrechnet.

„Natürlich gehörst du zur Familie, ALF!“ protestierte Lynn sofort.

„Ja, sicher“, gab ALF sarkastisch zurück. „Genau wie Arnold Schwarzenegger zu den Kennedys gehört!“

Auch Brian, der bisher weitgehend unbeteiligt die Diskussion verfolgt hatte, meldete sich nun zu Wort. Er war natürlich auf ALFs Seite und plädierte dafür, ihm eine Nummer zuzuteilen. Schließlich würde der Melmac ja ohnehin am meisten von allen fernsehen. Und Ron, der Mann von der Thompson-Familie, habe doch ausdrücklich gesagt, daß jeder seine Nummer eingeben sollte.

Kate hatte genug von der Diskussion. Die Logik war diesmal eindeutig auf der Seite des Außerirdischen. Knirschend gab sie nach. ALF bekam die Nummer 5 und die Ermahnung, mit den Knöpfen der Fernbedienung äußerst vorsichtig umzugehen. Der Melmac baute sich vor Kate auf und rief voller Inbrunst: „Kate! Katie! Neunschwätziges Katielein! Habe ich *jemals* etwas kaputtgemacht?“ Sein Selbstbewußtsein jedenfalls funktionierte bestens.

Kate glaubte nicht richtig gehört zu haben. Sie sagte keinen Ton, sondern schaute ALF nur prüfend an.

„Habe ich in *letzter Zeit* etwas kaputtgemacht?“

Wieder dieser vielsagende Blick von Kate!

„*Diese Woche* ...?“

Kate ließ sich auf dieses Spiel nicht weiter ein. Sie warf ALF einen verächtlichen Blick zu und vertiefte sich in die Fernsehzeitschrift.

Bevor ALF sich mit Hingabe dem silbernen Kästchen widmete, das ihm künftig Mitbestimmung in der schönen neuen Fernsehwelt bescheren sollte, trabte er erst noch mal in die Küche. Es dauerte gar nicht lange, und er erschien schmatzend und mampfend wieder im Wohnzimmer mit einer riesigen Schüssel voll Popcorn. Kate und Willie hatten es sich vor dem Fernseher bequem gemacht. Eine wissenschaftliche Sendung und der Wetterbericht standen auf dem Programm.

„Was ist das denn für ein Käse, den ihr da seht?“ meckerte ALF mit von Popcorn gefüllten Pausbacken. „Auf dem anderen Kanal kommt eine scharfe Liebesgeschichte. Das ist doch was fürs Leben. Und der wirkliche Sinn, der tiefere Sinn dieses ganzen Zuschauer-Meß-Theaters kann doch nur darin liegen, herauszufinden, was die Leute wirklich sehen wollen.“ ALF fragte sich manchmal, wie die Tanners wohl früher ohne all seine Erklärungen überhaupt hatten leben können.

Erst jetzt registrierte Kate, daß ALF Berge von Popcorn in sich hineinschlang. „Ich dachte, die Popcorn-Pfanne wäre kaputt?“ fragte sie erstaunt.

„Ist sie auch. Ich hab' sie mit deinem Lockenwickler gebrannt", erklärte ALF mit Unschuldsmiene.

„Dann möchte ich nicht wissen, womit du die Butter geschmolzen hast."

„Heißer Kamm!"

Bevor Kate zu einer Reaktion fähig war, klopfte es draußen an der Tür. Was heißt klopfen? So donnerte nur einer drauflos: Trevor. „Ab in die Küche!" lautete Kates in solchen Situationen wohlbekannter Befehl an ihren orangefarbenen Familienzuwachs.

„Ab in die Küche! Ab in die Küche!" äffte ALF Kate nach, nicht ohne ihr die Grundgedanken der Emanzipationsbewegung nahezubringen: „Als Frau sollte dir der erniedrigende Ton dieses kategorischen Imperativs nicht entgehen!"

Kate war kurz davor, ihre Nerven zu verlieren. „Raus mit dir!" brüllte sie.

In aller Gemütsruhe trottete ALF in die Küche und rief Kate von der Tür aus noch zu: „Du verrätst deine Schwestern, meine Liebe! Hast wohl nichts kapiert, was?"

Endlich! Willie ließ Trevor herein. Kaum hatte der Tanners Neuerwerbung, das Zuschauer-Registriergerät, entdeckt, startete er auch schon mit seiner Lieblingsdiskussion über die besten Fernsehprogramme.

„Schaut ihr etwa nicht die Polka-Parade? Das ist eine der besten Sendungen der letzten Zeit. Das müßt ihr sehen!" Und flink wie ein Wiesel schnappte Trevor sich die Fernbedienung und schaltete um auf Polka.

„Rosamunde, schenk mir dein Herz und sag ja!" johlte es aus dem Lautsprecher. Trevor geriet vollends in Verzückung. Wie ein verliebter Tanzbär tänzelte er ein paar Schritte im Zweivierteltakt über das Tannersche Parkett.

ALF sah sich die folkloristische Vorführung durch die Durchreiche an. Er war hingerissen von Trevors „Dirty Polka". Alle Vorsicht außer acht lassend, klatschte er begeistert den Takt dazu.

Trevor, der flotte Polka-Tänzer, war in seinem Element. Er faßte Willie um die Taille und wollte ihn wie ein Tanzmariechen durch das Zimmer wirbeln.

Gerade noch rechtzeitig konnte Willie sich mit einem eleganten Sidestep aus Trevors Umklammerung befreien. „Wir wollten eigentlich jetzt den Wetterbericht sehen, Trevor. Die bringen einen wöchentlichen Rückblick", keuchte er mühsam.

„Machen die keine Vorschau mehr?" Trevor Ochmonek kam direkt aus dem Polka-Himmel und ließ sich, nach Luft schnappend, wie ein Maikäfer vor Willie aufs Sofa fallen.

„Trevor, wollten Sie eigentlich irgend etwas Bestimmtes?" Willie ging nach wie vor davon aus, daß ihr Nachbar eigentlich nicht wegen einer Tanzvorführung zu ihnen gekommen war.

„O ja, könnten Sie unseren Rasensprenger anstellen, wenn wir weg sind? Rachel und ich unternehmen einen Trip nach New York."

Klar, daß die Tanners gern helfen wollten. „Aber wo ist der Wasserhahn?" fragte Willie.

„Kein Problem, wir haben nämlich gar keinen. Ich nehm' einfach immer den Ihren!" erklärte Trevor und machte dabei ein Gesicht wie die Unschuld vom Lande.

Mit einem tiefen Griff in ALFs Popcorn-Schüssel verabschiedete sich Trevor für vier Wochen und knallte wie gewöhnlich geräuschvoll die Haustür hinter sich zu.

„Polka-Parade! Polka-Parade! Das will ich jetzt sehen!" Mit einem Schrei der Begeisterung stürzte ALF aus der Küche auf den Fernseher zu.

„Seit wann interessierst du dich denn für Polka?" wollte Willie wissen.

„Seit sie die Katzenjammerpolka gespielt haben!" rief ALF aus.

„Katzenjammerpolka? Was soll denn das sein?" lachte Willie.

„Nun, der Vorsänger tritt einer Katze auf den Schwanz, und ... "

„ALF!" Willies mahnender Ausruf stoppte den Melmac in musiktheoretischen Ausführungen. „Quatsch, das war eher schon eine Windjammerparade", fuhr Willie fort und ließ sich erschöpft ins Sofa fallen. Er wollte endlich in Ruhe seine „Stimmen der Wissenschaft" sehen.

ALF mußte erkennen, daß er sich diesmal nicht hatte durchsetzen können. Wissenschaft siegte über Polka. Für den Außerirdischen bedeutete das zunächst: abwarten. Seine Stunde würde noch kommen.

Es war schon nach Mitternacht, als Willie von Geräuschen aus der Küche geweckt wurde. Deutlich waren ALFs dröhnendes „Ha! Ha! Ha!" und Stimmen aus dem Fernseher zu vernehmen.

Obwohl todmüde, quälte er sich aus dem Bett, um nachzusehen, was sein zweibeiniges Aufputschmittel vom Melmac jetzt wieder anrichtete. Vorsichtig öffnete Willie die Küchentür und drehte das Licht an.

„Was ist denn hier los? Es ist drei Uhr morgens, ALF!"

Was Willie sah, überraschte ihn eigentlich nicht. Der Außerirdische, bekleidet mit einem schreiendgelben Pyjama mit schwarzen Streifen – seiner Figur wegen längsgestreift – saß am Küchentisch und glotzte in den Fernseher.

Willie nahm die Fernbedienung und schaltete kurzerhand das Gerät ab.

„Hey, was soll das, Miesmacher", protestierte ALF. „Ich warte auf meine Lieblingssendung. Heute wird der Held, Steve, der Tarantel einen Unterschenkel ausreißen. Das mußt du sehen, Willie!"

Willie interessierte im Moment etwas ganz anderes. „Warum steht der Fernseher eigentlich hier in der Küche?"

„Weil ich den Kühlschrank nicht ins Wohnzimmer bekommen konnte. Reine Notlösung! Aber damit kann man leben!" ALF versuchte den Fernseher anzuknipsen.

„Pfoten weg von der Fernbedienung!" herrschte Willie den fernsehsüchtigen Außerirdischen an.

Der versuchte es erst mal auf die weiche Tour: „Ich liebe dich, Willie, wenn du befiehlst." Und dann wechselte er schnell das Thema: „Willie, ich habe heute abend diese Polka-Sendung gesehen. Die ist urkomisch. Aber wieso hat sie so schlechte Einschaltquoten?"

Willie setzte sich zu ALF an den Küchentisch, rieb sich die müden Augen und erklärte ihm, daß die Sendung gar nicht komisch sein wolle und außerdem kein Aas zuschaue. Außer vielleicht so seltsame Vögel wie die Ochmoneks oder ein Außerirdischer mit Geschmacksverirrung.

ALF ließ sich auf eine Geschmacksdebatte mit Willie, der zu Weihnachten sich im Fernsehen Walt Disneys „Bambi" ansah und Tränen der Rührung vergoß, nicht ein. Unbeirrbar fragte er weiter, was denn mit einer Sendung passiere, die schlechte Einschaltquoten habe.

„Die wird abgesetzt!"

„Was, du meinst, die Polka-Parade könnte abgesetzt werden?" ALF war fassungslos. Energisch hielt er Willie am Arm fest, der soeben im Begriff war, wieder im Schlafzimmer zu verschwinden. „Moment, Moment, wenn also mehr Leute die Polka-Parade anschauen würden, gingen die Bewertungen hoch, stimmt's?"

„Da müßte schon ein Wunder passieren!" verabschiedete sich Willie jetzt endgültig ins Bett.

Da sich ALF aber nie auf Wunder verließ, beschloß er, selbst einzugreifen. Mitten in der folgenden Nacht, im Fernseher lief gerade die Wiederholung der „Polka-Parade", hantierte ALF hektisch in Willies Garage. Eigentlich hätte er fünf Pfoten gebrauchen können, um gleichzeitig das Telefon, den Computer, die Fernbedienung des Registriergerätes und den Fernseher zu bedienen. Registriergerät, Fernseher und Telefon hatte er mit Drähten aneinandergekoppelt. ALF schuftete und schwitzte, als gelte es, sein Raumschiff zu reparieren.

Eine Woche später war es dann endlich soweit. ALF saß abends nervös vor dem Fernseher und wartete auf die Polka-Parade.

Lynn schaute ihn kopfschüttelnd an. „Ich kann wirklich nicht glauben, daß dir diese blöde Show gefällt. Sonst hast du doch auch nicht denselben Geschmack wie die Ochmoneks!"

Kate und Willie nahmen ihr Abendbrot zu sich. Als die ersten Polka-Klänge ertönten, stöhnten beide laut auf. Seit ALF sein Herz für böhmische Musik entdeckt hatte, gab es für ihn nichts Größeres mehr als Polka. Außer Sauerbraten und Knödel neuerdings vielleicht noch … Vor kurzem hatte er sich sogar nach Tanzkursen erkundigt. Und zu Weihnachten wünschte er sich nichts sehnlicher als ein Akkordeon und Schnürbandhosen. Die Tanners hofften inständig, daß diese Polka-Sendung wegen mangelnder Zuschauerresonanz baldmöglichst abgesetzt würde.

Danach sah es im Moment aber gar nicht aus. Eine Polka-Gruppe, in Dirndl und Lederhosen gekleidet, erschien auf dem Bildschirm.

„Danke, Servus, küß die Hand, ihr Freunde aus dem Polka-Land!" jubelte der Vortänzer und warf Kußhändchen ins Publikum.

ALF saß gebannt vor der Mattscheibe und erwiderte auf gleiche Weise den Gruß.

Überschwenglich bedankte sich dann der Akkordeonspieler bei den Zuschauern: „Unser schönster Traum ist Wirklichkeit geworden. Wir können es selbst kaum glauben: Nach der neuesten Thompson-Bewertung liegt die Polka-Parade an der Spitze der Zuschauerbewertung. Danke, liebe Zuschauer, danke!"

Kate, Willie und Lynn schauten sich entsetzt an. Nur ALF schrie auf: „Ich hab's geschafft! Ich hab's geschafft!" Als er die erstaunten Reaktionen der Familie sah, verbesserte er sich ganz schnell: „Tja, ich meine, wie konnte das wohl passieren?"

Zu spät! Kate hatte Lunte gerochen. Drohend ging sie auf ALF zu. „Wie hast du kleiner Nervtöter das gemacht, daß die Polka-Parade auf den ersten Platz gekommen ist?"

ALF drehte und wand sich. Schließlich versuchte er es mit seiner berühmten Ablenken-und-Leugnen-Masche. Als er damit auch nicht weiterkam, versuchte er, Willie die Schuld in die Schuhe zu schieben. Der habe ihm schließlich geraten, die Einschaltquoten zu manipulieren. Als Willie daraufhin heftig protestierte und drohte, handgreiflich zu werden, gab ALF nicht ohne Stolz sein Werk zu.

„Die Polka-Parade war eine startbereite Rakete", erklärte er. „Um sie zu zünden, habe ich ein paar Leute, tausend oder so, angerufen und sie freundlich zum Einschalten der Sendung ermuntert."

Als er Willies entsetztes Gesicht sah, beruhigte er ihn sofort: „Keine Sorge! Ich habe zum ermäßigten Tarif telefoniert, von zwei bis sechs Uhr morgens! Und auch nur innerhalb der achtundvierzig Vereinigten Staaten. Schließlich weiß ich ja, daß wir sparen müssen. Da will ich natürlich auch meinen Beitrag leisten!"

Willie tupfte sich mit einem Tuch den Schweiß von der Stirn. Er konnte nicht glauben, was ALF soeben zum besten gegeben hatte. Und außerdem: Tausend Zuschauer genügten bei weitem nicht, um die Polka-Parade auf Platz eins zu hieven.

„Natürlich! Man muß sie nur ins Thompson-Bewertungssystem einspeisen", belehrte ALF ihn eines Besseren. „Ich habe das Meßgerät mit dem Multitransformer meines Raumschiffs gekoppelt und mich dann reingeschmuggelt."

Die technischen Einzelheiten waren faszinierend. Aber statt eines Kompliments für soviel Sachverstand prasselte eine Standpauke ersten Grades auf ALF nieder. Kate und Willie wechselten sich mit ihren Vorwürfen ab. „Illegal", „falsch" und „schlimm" waren noch die harmlosesten Attribute, mit denen sie sein Tun werteten.

Der Melmac hatte verstanden, daß dieses Stück keine Glanznummer gewesen war. Betroffen saß er da mit gesenktem Kopf. Ein Bild des Erbarmens. Dann klopfte er sich selbst auf die Finger und murmelte: „O ALF, du böser, böser Bube. Du Schnuckelmuckelschmusebube. Aber böse! Trotz alledem.“

Bei den Programmverantwortlichen in den Sendehäusern des Fernsehens herrschte derweil Ratlosigkeit. Wie konnte die Polka-Parade nur zu so einem sensationellen Ergebnis kommen? Während im ersten Programm gefeiert wurde, stand die Entlassung Mr. Brandons, des Programmchefs vom zweiten Kanal, kurz bevor. Er wurde für die Schlappe, die der Sender erlitten hatte, verantwortlich gemacht. Schließlich war ihm die Polka-Parade angeboten worden. Er aber hatte sie abgelehnt. Er haßte Akkordeons!

Mr. Brandon telefonierte hektisch in seinem Büro. Immer wieder versuchte er, Direktoren und andere Verantwortliche zu beruhigen. Zur gleichen Zeit wurde sein Nobel-Büro geräumt. Die Sekretärin verabschiedete sich und bedankte sich für die Zusammenarbeit in den letzten Jahren. Brandon war über Nacht weg vom Fenster. Völlig verzweifelt saß er in einem total leeren Zimmer, das Telefon auf dem Schoß. Als es klingelte, beschloß Brandon, ein letztes Gespräch entgegenzunehmen.

„Hallo! Hier ist ALF. Ich wollte nur sagen, daß mir das alles leid tut. Hoffentlich verliert niemand den Job wegen dieser Polkagate-Affäre.“

„Doch, ich schon!“ murmelte Brandon. Schon steckte jemand den Kopf ins Zimmer und zeigte auf seine Uhr.

ALFs schlechtes Gewissen ließ ihn nicht ruhen. Also erklärte er dem entmachteten Programmacher, wie er die Einschaltquoten der Polka-Parade manipuliert hatte. Brandon aber fühlte sich auf den Arm genommen. Ja, er vermutete sogar, ein Opfer von „Vorsicht Kamera!“ zu sein.

ALF beruhigte ihn. Um seinen Fehler wiedergutzumachen, machte er Brandon einen neuen Vorschlag. „Bringen Sie doch mal eine Sendung über eine Durchschnittsfamilie. Sie führt ein stinknormales, langweiliges Vorstadtleben. Dann ganz plötzlich, wie aus heiterem Himmel, stürzt ein Raumschiff auf ihre Garage. Und es steigt ein schnuckeliger, süßer, liebenswerter Außerirdischer heraus ..."

Brandon hatte genug. „Das ist viel zu weit hergeholt!" murmelte er müde ins Telefon und legte auf.

Am nächsten Tag kam Ron, der Mann von der Thompson-Familie, um das Registriergerät wieder abzuholen. Willie hatte ihn bestellt.

„Warum haben Sie sich das mit der Thompson-Familie anders überlegt?" wollte Ron wissen.

„Wegen der Katze ... Sie wissen, die große Katze ... Sie spielte immer an den Knöpfen rum."

Irritiert schaute Ron die Tanners an. „Und wer hat Sie eigentlich als typisch amerikanische Familie ausgewählt?"

„Ein Computerfehler!" erklärte Willie mit stoischem Grinsen.

„Das glaube ich auch!" meinte Ron und verließ erneut Hals über Kopf das Tannersche Haus.

ALF hatte alles von der Küche aus mit angehört und steckte nun seinen Kopf durch die Durchreiche. „Wieso kann dieser Kerl sagen", empörte er sich, „wir wären keine typisch amerikanische Familie? Hier sind zwei Erwachsene ... zwei Kinder ... eine Katze, ein ..."

„Hast du eigentlich in letzter Zeit mal in den Spiegel geschaut?" unterbrach ihn Kate.

„Hey, seht mich an als euren Sohn, den ihr nie gehabt habt." ALF war gekränkt.

„Wir haben einen Sohn", bemerkte Willie beiläufig.

„Dann seht in mir einen Sohn, den ihr nie gewollt habt!"

Willie vermied es, mit ALF weiter über derlei Spitzfindigkeiten zu befinden. Er war viel zu erleichtert, daß der verhängnisvolle Kasten endlich aus dem Haus war. „Jetzt brauchen wir wenigstens nicht mehr zu befürchten, daß die Polka-Parade weiterhin auf Platz eins ist, Sohn!“ Und dabei sah er ALF demonstrativ an.

„Solche Überheblichkeit zeigt nur, daß du keine Ahnung hast!“ sagte ALF grinsend. „Ich meine, daß deine Behauptung nicht mehr darstellt als die Summe deines mangelhaften Wissens“, fuhr er fort, als er Willies fragenden Blick sah.

Willie starrte ihn ungläubig an und verlangte sofort Auskunft über ALFs weitere Pläne.

Daraufhin zog der Melmac einen Karton voller Briefumschläge unter dem Sofa hervor. „Nun, ich habe eine ganz legale Zuschauer-Briefaktion gestartet, um die Polka-Parade zu retten. Und weil wir gerade davon reden: Wenn du das nächstemal bei der Post vorbeikommst, bring doch bitte hundertfünfzigtausend Briefmarken mit!“

Willie war außer sich. Doch zunächst hatte er erst mal eine ganz andere Rechnung mit ALF zu begleichen. Statt Briefmarken zog er die letzte Telefonrechnung aus seiner Aktentasche. Es handelte sich dabei um einen mehrere Meter langen Ausdruck auf Computerendlospapier.

Willie las vor: „Anruf Nummer vierhundertzweiundsechzig: zwölf Minuten mit West Springfield, Massachusetts.“

„Schuldig!“ gestand ALF.

„Anruf Nummer vierhundertdreiundsechzig: siebzehn Minuten mit Lansing, Michigan“, fuhr Willie fort.

„Mea culpa! Mea maxima culpa!“ ALF zog das Bildungsregister.

„Anruf Nummer vierhundertvierundsechzig ...“

„Hör doch auf damit, Willie! Das ist ja langweilig!“ protestierte ALF.

„Tut mir leid, mein Freund“, sagte Willie bissig, „vielleicht sollte ich dir die Rechnung vorsingen, damit du dich besser unterhalten fühlst.“

ALF fand die Idee gar nicht schlecht. „Ja, ich liebe es, wenn deine Stimme bei den höheren Tönen umkippt", schmeichelte er.

Mit solchen Sprüchen konnte ALF zur Zeit aber bei Vater Tanner nicht landen. Er verfolgte mit seiner Vorleseaktion nämlich einen ganz bestimmten Zweck.

„Wenn man etwas gemacht hat, was wirklich schlimm ist", dozierte Pädagoge Willie, „dann sollte man wenigstens daraus lernen, damit man beim nächstenmal die Dinge besser beurteilen kann. Ist das nicht richtig?"

Schuldbewußt ließ ALF den Kopf sinken. „Ja, richtig! Mach weiter mit der Telefonrechnung!"

Willie las weiter, Nummer für Nummer: Bristol, Connecticut, Kalifornien, Texas, Florida. ALF stand langsam auf und nahm eine Ziehharmonika vom Küchenschrank. Leise spielte er: „Rosamunde, schenk mir dein Herz und ..."

Willie starrte ihn böse an. Sofort legte ALF das Musikinstrument wieder weg und hörte in demütiger Haltung weiter der Listen-Vorlesung zu: „Anruf Nummer vierhundertfünfundsechzig: Paola, Kansas, Nummer vierhundertsechsundsechzig ..."

In Gedanken war ALF längst woanders. Bei den irdischen Märchen, in denen es heißen könnte: „Und wenn sie nicht gestorben sind, dann zählen sie noch heute!"

Der Junge von nebenan

Nach mehreren vergeblichen Anläufen war es Willie endlich gelungen, seine fernsehwütige Familie zu einem Spielabend zu überreden. Lynn und Kate waren für Scharade, und zähneknirschend hatten auch ALF und Brian zugestimmt.

Als erste wurde Kate ausgelost; sie sollte mit Gesten etwas

vorspielen, was alle anderen erraten mußten. Unter Einsatz all ihrer schauspielerischen Fähigkeiten mimte sie eine Filmkamera. Dann hielt sie zwei Finger hoch und wurde für diese außergewöhnliche Darstellung auch prompt belohnt! Lynn wußte sofort Bescheid: „Das soll ein Film mit zwei Wörtern sein!“

Nun folgte die knifflige Phase, in der Kate den Inhalt des Films vermitteln mußte. Gespannt verfolgten alle, wie sie angestrengt versuchte, mit ihren Armen ausdrucksvoll so etwas wie Flügelschlagen zu kopieren.

ALF war klar, was er da sah: „Der blaue Engel!“

Kate warf ihm einen wütenden Blick zu. Aber erst, als sie wie wild mit den Armen ruderte und im Wohnzimmer auf und ab hüpfte, erlöste Brian sie: „Das ist der Hitchcock Film ‚Die Vögel‘!“ rief er plötzlich. Alle, bis auf ALF, klatschten Beifall. Kate ließ sich erschöpft aufs Sofa fallen. ALF war sauer. Er hatte genau gesehen, daß Kate Brian Zeichen gemacht hatte, damit er den Film erraten konnte. Lauthals beschwerte er sich über diese Gemeinheit. Aber Willie lachte ihn nur aus: „Das genau ist doch die Spielregel von Scharade“, erklärte er ALF.

Ja, wenn das so war. Jetzt bekam auch ALF Spaß an der Sache. „Okay, okay, dann laßt mich das mal ausprobieren!“

Er stellte sich vor den Wohnzimmertisch und imitierte ebenfalls eine Kamera. Dann zeigte er mit ausdrucksvoller Geste auf sich selbst.

Das war klar. Es mußte ein Film über ALF sein. Nur welcher?

„Ist es ‚Der Krieg der Sterne‘?“ wagte Kate einen Versuch.

ALF war empört.

Brian tippte auf „Hair!“ Damit lag er ebenfalls völlig daneben.

„Nein!“ löste ALF das Rätsel. „Ihr liegt alle falsch. Es ist ‚Der Mann, der König sein wollte‘. Da hättet ihr doch leicht drauf kommen können. Lag schließlich auf der Hand!“

Noch ehe die Tanners darauf reagieren konnten, läutete es draußen an der Tür.

Kate reagierte am schnellsten. Ein Blick von ihr zeigte ALF, daß für ihn jetzt wieder der Rückzug in die Küche angesagt war. Er stellte sich dumm, aber das nützte ihm nichts. Kate blieb unerbittlich.

Langsam setzte ALF sich in Bewegung, nicht ohne auf sein Schicksal hinzuweisen: „Wenn ich nicht dauernd in die Küche müßte, hätte ich nicht diese Gewichtsprobleme! Ihr treibt mich ja förmlich an den Kühlschrank.“ Dann blieb er stehen, schaute kurz an sich herunter, strich über seinen Bauch und stellte fest: „Kein Wunder, daß mir Willies Hosen nicht mehr passen!“

Doch es half alles nichts. Mit sanftem Druck schob Kate den Außerirdischen unerbittlich in die Küche, und Willie öffnete die Haustür.

Draußen standen die Ochmoneks mit einem schwarzhaarigen, etwa vierzehnjährigen Jungen.

Trevor erklärte den staunenden Tanners, er wolle ihnen Jake, den Sohn seines Bruders Cyril, vorstellen. Und zu Jake gewandt, erklärte er, daß es sich bei diesen freundlich dreinschauenden Menschen um die Familie Tanner handelte. Trevor wirkte nervös.

Die Tanners erfaßten die Situation sofort und gaben sich große Mühe. Sie begrüßten den Jungen mit „Hallo“, „Hi“ und „Willkommen“ und baten die Gäste ins Wohnzimmer. Dort ließ Jake keinen Zweifel daran, daß die Situation ihn anödete.

Rachel flatterte indes wie ein aufgescheuchtes Huhn um die Tanners herum. Mit Scharade hatte das allerdings in diesem Fall nichts zu tun. Sie wollte vielmehr Bedeutendes über ihren mürrisch blickenden Besuch loswerden: „Jake ist sozusagen direkt von New York aus zu uns ins Haus geflogen. Er wird eine Weile bei uns bleiben, bis sein Vater wieder da ist.“

Kate versuchte, ihre ganze Freundlichkeit aufzubieten: „Wie schön! Und wie lange wird das sein?“

„Fünf Jahre!“ kam da Jake seiner Tante zuvor.

Die Tanners schauten sich überrascht an. Was sollte das nun wieder heißen?

Trevor fand, daß er seinen Nachbarn eine nähere Erklärung schuldete. Es war ihm sichtlich unangenehm, doch dann beschloß er, daß Geheimnistuerei nichts nützte. „Vielleicht kommt sein Vater auch früher raus, wegen guter Führung. Würde mich aber wundern!“

Jetzt hatten auch die Tanners kapiert: Jakes Vater mußte eine geschäftliche und private Zwangspause hinter Gittern einlegen. Auch Jakes Mutter, eine Frau aus Puerto Rico, so fuhr Rachel nun fort, sei schon seit einiger Zeit verschwunden, und das Jugendamt habe den Jungen deswegen zu Onkel und Tante geschickt.

Alle standen ein wenig verloren im Wohnzimmer herum. Keiner wußte so recht, wie er reagieren sollte. Es herrschte eine peinliche Stille.

Kate versuchte mit einem Themawechsel die Situation noch zu retten. „Nehmt doch bitte Platz. Ich mach' euch einen Eistee“, flötete sie. Die Aufmerksamkeit aufs Essen und Trinken zu lenken ist immer gut, dachte sie, und sie hoffte so in der Küche etwas Zeit zu gewinnen, um die Neuigkeiten zu verdauen.

Aber Kate hatte nicht mit den Seelenqualen der Nachbarin gerechnet.

Rachel hatte jetzt Jake, und es machte sie nervös, für ihn die Ersatzmutter zu spielen. Sie brauchte einfach den Zuspruch einer erfahrenen Mutter. Aufgelöst wollte sie hinter Kate in die Küche trippeln. Doch allein schon der bloße Gedanke an das, was die gute Mrs. Ochmonek dort vorfinden würde, nämlich einen Kuchen in sich hineinstopfenden Außerirdischen, ließ Kate heftiger reagieren, als es normalerweise ihre Art war. „Einen Eistee werde ich wohl noch alleine hinkriegen“, zischte sie.

Rachel war beleidigt. Sie fühlte sich vor den Kopf gestoßen. „Klar! Sie brauchen keine Hilfe, Kate, Sie sind einfach die Größte! Eine Superhausfrau!"

Nun mußte sich Kate blitzschnell eine Entschuldigung für ihr barsches Verhalten ausdenken. Vertraulich faßte sie Rachel am Arm und erklärte ihr, daß in der Küche so ein gräßlicher Käfer sei. Den Anblick wolle sie ihr lieber ersparen.

Selbst Rachel sah ein, daß einer Hausfrau ein Käfer in ihrer Küche peinlich ist. Also wartete sie ergeben, bis sie gerufen wurde. Erleichtert stürzte Kate in die Küche. Dort fuchtelte ALF gerade mit einer Spraydose herum.

„ALF, Achtung. Du mußt hier sofort verschwinden!" flüsterte Kate ihm aufgeregt zu. „Was machst du mit der Dose?" fragte sie.

„Den Käfer fertigmachen!" freute sich ALF.

„Welchen Käfer?" Kate war verdutzt. Dann begriff sie.

„ALF, es gibt keinen Käfer. Das habe ich nur gesagt, damit Rachel nicht in die Küche kommt. Du weißt, sie darf dich auf keinen Fall entdecken. Immerhin hast du ihr schon einmal mit deinem Auftritt einen Schock fürs Leben versetzt."

ALF hatte dem nichts Gleichwertiges entgegenzusetzen. Mißmutig räumte er das Feld, und Kate konnte endlich Rachel in die Küche bitten.

„Was halten Sie denn von Jake?" überfiel sie Kate, kaum daß sie sich am Küchentisch niedergelassen hatte. Was sollte Kate dazu sagen? Sie hatte den Jungen genau fünf Minuten gesehen und bisher ganze zwei Wörter von ihm gehört. Und Mütter, noch mehr Ersatzmütter, konnten ziemlich empfindlich sein, besonders, wenn sie unerfahren waren.

Also probierte Kate es auf dem diplomatischen Weg: „Na ja, er scheint mir ein bißchen zu ruhig zu sein. Wahrscheinlich ist er durch die neue Familiensituation ein bißchen verunsichert!"

„Brian redet schließlich auch nicht viel. Aber deshalb ziehe ich noch lange nicht über ihn her!" Rachels Antwort kam wie aus der Pistole geschossen.

Nun reichte es Kate aber, und sie holte tief Luft, um Rachel Ochmonek mal die Meinung zu sagen.

Aber die Nachbarin nahm Kate allen Wind aus den Segeln, indem sie sich für ihre Äußerung entschuldigte. „Ich bin so furchtbar aufgeregt. Früher wollte ich immer unbedingt ein Kind haben. Aber da wollte Trevor unbedingt seinen Magister in Kunstgeschichte machen. Und jetzt, wo ich ein Kind habe, wo ich sozusagen über Nacht Mutter geworden bin, macht mich das ganz nervös."

Kate sah das ein.

Als sie etwas Zitronensaft aus dem Kühlschrank nehmen wollte, entdeckte sie einen Krug mit Milch, auf dem orangefarbene Haare schwammen. „Kinder", so versuchte sie daraufhin die Nachbarin zu beruhigen, „sind zwar manchmal nicht ganz einfach. Aber wenigstens verlieren sie keine Haare in der Milch."

Rachel konnte mit dieser Weisheit wenig anfangen, und so bot Kate ihr schließlich andere Hilfe an: „Wenn Sie irgendeinen Rat brauchen, Rachel, ich bin für Sie da!"

Darauf hatte die Nachbarin nur gewartet. Wie auf Kommando zog sie eine Liste mit Fragen aus der Tasche und legte los.

„Darf sich Jake schon mit Mädchen treffen? Wieviel Taschengeld soll man ihm geben? Um wieviel Uhr muß er ins Bett?" Fragend schaute sie Kate an.

„Nun", sagte Kate gedehnt und überlegte angestrengt, welche der Fragen sie als erste beantworten sollte. Sie entschied sich für die letzte.

„Also Brian ist zwar noch etwas jünger als Jake, aber er geht immer um acht Uhr schlafen."

„Das denken Sie", petzte die undankbare Nachbarin. „Bei Brian brennt das Licht bis halb zehn. Und Lynn macht es erst um elf Uhr aus." Das war nun der Dank für Kates Nachbarschaftshilfe!

Im Wohnzimmer bemühten sich derweil die beiden Tannerkinder um ein Gespräch mit Jake. Der dunkelhaarige Junge zeigte deutlich, daß ihn die Tanners langweilten.

Er saß auf dem Sofa und hatte die Beine weit von sich gestreckt. Lynns freundlich gemeinter Hinweis, daß Jake wohl mit ihr auf dieselbe Schule gehen würde, quittierte er mit der kurzen Bemerkung: „Aber nur bis ich abgehe!"

„Wann willst du abgehen?" bohrte Lynn neugierig weiter.

„In einem Jahr, drei Monaten und achtzehn Tagen. „Dann bin ich sechzehn und mache, was ich will!"

Pflegevater Trevor fand Jakes Verhalten unmöglich. „Da werde ich wohl noch ein Wörtchen mitzureden haben", polterte er los. Willie zuckte nachgiebig-lächelnd die Schultern und sah stolz auf seinen so ganz anders gearteten Sohn. Doch das Lächeln verging ihm sofort, als er nämlich mit Erstaunen hörte, daß seinen Filius wohl ähnliche Sorgen plagten!

„Du hast es gut!" bewunderte Brian Jake. „Bei mir dauert es noch acht Jahre, zwei Monate und vier Tage, bis ich die Schule hinter mir habe."

Bevor Willies Weltbild noch weiter ins Wanken geriet, kam Kate endlich mit dem versprochenen Eistee.

Nicht nur Rachel plagten Sorgen über die plötzliche Elternschaft, auch Trevor wandte sich jetzt vertrauensvoll an Willie. „Kann ich Sie mal unter vier Augen sprechen, Tanner?"

Willie nickte und schlug das Wäschezimmer als Konferenzraum vor.

Kate zeigte ihm aber mit wilden Gesten, daß das keine gute Idee war; sie vermutete ALF dort in seinem Körbchen. „Das Bügelzimmer ist voller Wäsche", beeilte sie sich zu sagen. „Geht lieber ins Schlafzimmer. Dort kann euch niemand hören." Damit lag Kate aber völlig daneben.

ALF versuchte gerade, mit Luckys Hilfe von außen durch das Fenster ins Tannersche Schlafzimmer zu klettern. Die Hände hatte er schon auf dem Fensterbrett. Jetzt mußte er nur noch seinen wuchtigen Körper hochziehen!

„So ist es gut!" ächzte er. „Halt ganz still, Lucky. In einer Sekunde bin ich von dir runter."

Doch dem als Trittleiter zweckentfremdeten Lucky dauerte das alles viel zu lange. Er haute ab, und ALF fiel mit einem lauten „Aaaahh" auf seinen Allerwertesten.

„Ich sage es ja immer", knirschte er mit schmerzverzerrtem Gesicht. „Nur eine gebratene Katze ist eine gute Katze."

Gerade als Willie die Schlafzimmertür öffnete, versuchte ALF sein Glück zum zweitenmal. Er hatte die Fensterbank bereits wieder erreicht, als Willies Blick auf den Fassadenkletterer fiel. Abrupt warf er hinter sich die Schlafzimmertür zu. Um ganz sicherzugehen, schloß er sogar ab. Mit zwei Sätzen war Willie dann am Fenster und versuchte, ALF zu verscheuchen: „ALF, los, raus hier! Trevor ist hier. Draußen vor der Tür."

„Draußen vor der Tür? Das war doch ein ganz guter deutscher Nachkriegsfilm, nicht wahr, Willie?"

Willie war es im Moment nicht nach Feierabendunterhaltung. Dieser Außerirdische raubte ihm noch den letzten Nerv! In solchen Situationen half bei ALF nur noch eines: „Runter jetzt, oder es knallt!" fuhr Willie den Melmac barsch an.

Bevor ALF sich für den Rückzug entschied, erkundigte er sich aber noch schnell: „War das nicht ein Chuck-Norris-Film?" Dann ließ er sich mit der Warnung „Vorsicht da unten!" fallen. Ein lautes Miauen schrillte durch den Garten. Volltreffer!

Willie seufzte erleichtert auf. Hastig öffnete er wieder die Schlafzimmertür und entschuldigte sich bei Trevor, daß er ihm die Tür vor der Nase zugeworfen hatte. „Die Betten ... und so, Sie wissen ... mußten erst noch gemacht werden ..." stotterte er.

Trevor hatte an Einzelheiten der Tannerschen Unordnung kein Interesse. Er hatte ganz andere Probleme, genaugenommen nur eins: ihren Überraschungsgast Jake. Das Leben mit ihm sei die Hölle, klagte er. Die beiden Männer setzten sich auf das Bett, und Willie hörte aufmerksam zu, was Trevor berichtete.

„Jake gibt andauernd Widerworte. Er hört weder auf mich noch auf Rachel. Und ich glaube, er hat uns einen Sack Torf aus dem Wohnzimmer gestohlen."

„Warum lag denn der Ballen Torf überhaupt im Wohnzimmer?" fragte Willie erstaunt.

„Eben. Damit er uns nicht gestohlen wird!"

Diese Logik war Willie zu hoch. Statt dessen gab er Trevor den Rat, einfach mal mit dem Jungen zu reden. Von Mann zu Mann. „Du mußt ihm einfach klarmachen, daß das Zusammenleben unter einem Dach nur funktioniert, wenn gewisse gesellschaftliche Spielregeln beachtet werden."

Trevor nickte begeistert. Man merkte eben immer wieder, daß Willie studiert hatte. Wie gebildet er sich ausdrücken konnte!

„Ach Willie, können Sie nicht mal mit ihm sprechen", schlug er vor. „Ganz offen gesagt, ich kann es nicht so gut mit Kindern. Was ich aufziehen kann, sind Tomaten. Und ohne Torf kann ich nicht mal das."

Willie war gerührt und versprach, ein Gespräch mit Jake zu führen.

„Sie werden das schon schaffen. Schließlich ist Jake nicht dumm. Er ist immerhin ein Ochmonek", machte Trevor Willie Mut. „Und deshalb will ich auch, daß etwas aus ihm wird. Er soll nicht im Gefängnis landen wie sein Vater ... oder sein Bruder ... oder sein Vetter Victor!"

Eine schöne Familie, dachte Willie. Laut aber sagte er zu Trevor: „Sie bekommen ihn schon richtig hin. Ich bin sicher, daß alles gutgeht, solange er die Liebe und Fürsorge hat, die er braucht. Bei Ihnen ist er bestimmt richtig aufgehoben!"

Er klopfte Trevor beruhigend auf die Schultern und schob ihn wieder ins Wohnzimmer zurück.

Dort saßen Jake und Lynn nach wie vor schweigend auf

dem Sofa und ödeten sich an. Rachel kam gerade mit einem Teller Plätzchen aus der Küche und stellte ihn auf den Tisch. „Na, Jake, du hast in Lynn wohl schon eine kleine Freundin gefunden?! Wie nett“, flötete sie.

Jake gingen Rachels Sprüche unbeschreiblich auf den Geist. Sie reizten ihn geradezu zu kleinen Bosheiten. So auch jetzt.

„Kleine Freundin“, giftete er. „Wohl eher 'ne Bohnenstange“

„Warte nur, bis ich hohe Absätze trage, du Gartenzwerg“, zischte Lynn wütend.

In dem Moment sah Jake Willie hereinkommen. „Sie sollten besser auf Ihre Tochter aufpassen. Die will gleich hohe Absätze für mich anziehen!“ grölte er aus vollem Halse. Rachel schaute ihren Ziehsohn an, als sei er ein Monster. Auch Willie und Kate sahen sich ein wenig verunsichert an. Dann beschlossen sie, daß es wohl das beste sei, den frühreifen Jüngling von der lustigen Seite zu nehmen.

Trevor und Rachel aber war das Lachen längst vergangen. Sie drängten zum Aufbruch.

Sofort sprang Jake erleichtert auf. „Mir fliegt schon der Kopf weg. Nichts als leeres Gequatsche und Worthülsen“, war sein Kommentar zu diesem ersten offiziellen Nachbarschaftsbesuch.

Die Tanners begannen die Ochmoneks immer besser zu verstehen. Mit diesem Bürschchen hatten sie es wirklich nicht leicht.

Willie beschloß, mit dem kleinen Monster noch heute abend zu sprechen. „Ach, Jake, hast du nicht Lust, nach dem Abendessen zu uns zu Besuch zu kommen? Du kannst ein Stück Kuchen mit uns essen.“

Jake war keineswegs begeistert von dieser Idee. „Wenn Sie schon unbedingt meine Figur ruinieren wollen, kann mir die Kleine ja den Kuchen rüberbringen.“ Er deutete auf Lynn. „So verschaffe ich dir noch einen abendlichen Ausgang!“

Lynn ließ sich von diesem blasierten Gnom nichts bieten. „Willst du nicht am Leben bleiben, bis du die Schule verläßt?" fauchte sie.

Bevor Jake noch mehr Porzellan zerschlagen konnte, schoben die Ochmoneks ihn aus der Haustür.

Als die Gäste fort waren, atmeten alle erleichtert auf.

Willie schaute sich seinen Sohn zärtlich an. „Ach, Brian, bitte bleib so, wie du bist!"

Da öffnete sich die Durchreiche, und ALFs haariger Kopf tauchte auf. „Dieser Jake ist euch schon richtig ans Herz gewachsen, habe ich recht!" argwöhnte er. Bei Tanners mußte man höllisch aufpassen, daß man als Außerirdischer nicht ins Hintertreffen geriet.

Brian widersprach sofort: „An mein Herz ist er nicht gewachsen. Er hat ‚Winzling' zu mir gesagt."

Lynn gab die Frage diplomatisch an ALF zurück: „Findest du ihn nicht auch ein wenig grob?"

Verwundert schüttelte ALF den Kopf. Er fand den Burschen einfach toll. „Zumindest sorgt er doch für Leben in der Bude!" Und so etwas gefiel ALF schließlich immer.

Nach dem Abendessen warteten die Tanners auf Jakes Erscheinen. Kate hatte ein extragroßes Stück Kuchen für ihn reserviert, und das, obwohl ALF mal wieder einen Riesenhunger angemeldet hatte. Mit dem Messer in der einen Pfote und der Gabel in der anderen brüllte er schon seit Minuten unentwegt sein „Kuchen, Kuchen, Kuchen!" Dazu haute er das Besteck im Takt auf die Tischplatte. Sein Geschrei hörte sich an wie ein Galeerenaufstand.

„ALF, gib endlich mal Ruhe!" schnauzte Kate den Melmac schließlich entnervt an.

„Okay! Okay!" ALF lenkte ein. Er wartete ganze zehn Sekunden, dann ging es wieder los: „Jake kommt nicht mehr. Wir können den Kuchen essen, ich meine, ich kann ihn essen!"

„Der kommt schon noch! Warte ab!“ Willie wollte langsam mal seine Ruhe haben in diesem Haus. ALFs Gezeter machte ihn fix und fertig.

Doch der Melmac ließ nicht locker. Er unterbreitete den Tanners nun seine neue Theorie: „Vielleicht kann der Bursche gar nicht mehr kommen. Sitzt wahrscheinlich schon hinter schwedischen Gardinen.“

Während ALF den genervten Tanners diesen Umstand genauer schilderte, zog er die Tischdecke langsam, aber sicher zu sich heran. Unaufhaltsam näherte sich der volle Teller seinem Platz. „Sie werden ihm eine Einzelzelle geben, bei Wasser und trocken Brot. Vielleicht bekommt er hin und wieder zum Nachtisch auch ein leckeres Stückchen Schokoladenkuchen“, malte ALF Jakes trauriges Schicksal im Detail aus.

Jetzt war der Kuchenteller schon fast vor ALF angelangt. Gerade als er nach dem Kuchen vor sich greifen wollte, bekam er von Kate eins auf die Pfoten. Demonstrativ stellte sie den Teller mit Kuchen wieder in die Mitte des Tisches.

Willie wollte endlich diesem Gerede von schwedischen Gardinen und trocken Brot ein Ende setzen. „Jake“, so gab er zu, „hat sicherlich gewisse Probleme. Aber man wird ihn deshalb noch lange nicht ins Gefängnis stecken.“

Davon war ALF keineswegs überzeugt. Er kannte sich in diesem Milieu einfach besser aus als Willie. Schließlich hatte es da in seiner Verwandtschaft einen ähnlich gelagerten Fall gegeben. „Mein Vetter Sunnyboy Shumway war auch sozial vorbelastet. Der ist auf der Südseite Melmacs aufgewachsen. Der schlimmsten Ecke des ganzen Planeten. Wenn dem die Schuhe der Leute nicht gefielen ... dann machte es Bumm!“ ALF machte eine Handbewegung, als ob er mit einer Pistole schießen wollte.

In dem Moment platzte Lynn mit der Nachricht rein, daß Jake heute abend nicht mehr kommen würde.

Wortlos schob Kate ALF den Kuchenteller hin.

Zwei Stunden später war dann endlich Ruhe eingekehrt im Hause Tanner. Alles schlief. Nur ALF war noch wach. Er hatte zuviel gegessen und konnte vor Bauchgrimmen keinen Schlaf finden.

Und dennoch hörte er nicht, wie sich jemand ums Haus schlich. Eine dunkle Gestalt ging zielstrebig auf die Garage zu. Vorsichtig sah sie sich um, dann öffnete sie die Garagentür und erblickte Willies Teleskop. Nur ein paar Schritte und eine gekonnte Schraubbewegung, dann hatte er das Fernrohr vom Stativ gelöst ...

Da, ein Geräusch! Die Gestalt duckte sich blitzschnell hinter einen Stapel Papier.

„Rote Lippen soll man küssen, denn zum Küssen sind sie da, rote Lippen sind dem siebten Himmel ja so nah!"

Mit ein paar Tanzschritten kam ALF in die Garage gesteppt. Er war gut aufgelegt und wollte sich die schlaflose Zeit an Willies Funkgerät vertreiben.

ALF nahm vor dem Apparat Platz und drehte eine Weile an den Knöpfen. „Hallo, Schottland. Bitte kommen. Bitte melden", rief er dann ins Mikrophon. „Hey, Schotte, ruf mich zurück. Ha! Guter Witz, was?"

Aus dem Äther tönte eine Stimme: „Hallo, ALF, freut mich, daß du dran bist."

„Woher weißt du, daß ich das bin?" Der Außerirdische war verblüfft.

„Weil du jedesmal mit demselben blöden Schottenwitz anfängst. Macht aber nichts. Doch hör mal zu. Ich habe gerade einen neuen Song von Madonna einstudiert. Kennst du ‚Papa don't preach'?"

Ein schreckliches Gequietsche und Gepfeife dröhnte aus dem Kasten. Der Schotte blies tatsächlich den Madonna-Song auf seinem Dudelsack.

„Hey, Scottie, ich stelle nur mal schnell die Lautstärke richtig ein. Sollte ich dich verlieren, sprechen wir uns in ein paar Tagen wieder." Schnell stellte ALF den Funkempfänger aus und wackelte bedenklich mit dem Kopf. „Dudelsack!“ sagte er verächtlich.

Die dunkle Gestalt hatte das merkwürdige Geschehen mit vor Entsetzen geweiteten Augen verfolgt. Rette sich, wer kann, war sein einziger Gedanke. Wer weiß, was diesem haarigen Monster noch alles einfiel. Zitternd wollte er sich gerade hinter ALFs Rücken davonschleichen, als ihm das Quietschen einer Garagendiele zum Verhängnis wurde.

ALF drehte sich um und sah den vor Angst zitternden Jake mit Willies Teleskop in der Hand.

„Ja, wen haben wir denn da?“ fragte ALF überrascht. Dann bemerkte er das Teleskop: „Laß das sofort los!“ knurrte er unfreundlich.

Jake kam dem Befehl des großschnäuzigen Monsters prompt nach: Das teure Fernrohr fiel zu Boden und zersprang in tausend Einzelteile.

Doch Jake nahm das gar nicht richtig wahr. „Bleib mir vom Leibe, bleib stehen und laß mich in Ruhe!“ schrie der arme Nachbarjunge hysterisch.

Langsam versuchte er, mit dem Rücken an der Wand entlang zur Tür zu kommen.

Doch ALF kam ihm zuvor. Er sprang vor die Tür und blockierte so Jakes Fluchtweg. Schlimmer noch! Das pelzige Monster kam jetzt auch noch auf Jake zu. Als ALF dicht vor dem zitternden und bibbernden Jake stand, öffnete er die stummelzahnbewehrte Schnauze und knurrte: „Du kannst hier nicht so einfach verduften und das Teleskop zurücklassen, Kleiner. Sonst heißt es wieder, ich bin’s gewesen!“

„Okay. Ich werde es reparieren. Aber bitte beiß mich nicht.“ Vorsichtig wich Jake zurück.

„Dich beißen? Das ist eine ausgezeichnete Idee. Ich werde dich beißen, wenn du das Fernrohr nicht richtig reparierst.“ Und ALF riß erneut sein riesiges Maul auf, machte eine Biß-Bewegung in Richtung Jake und ließ ein drohendes „Hamm“ folgen.

Jake fuhr erneut zurück und bat ALF inständig, doch seiner Tante und seinem Onkel nicht zu erzählen, daß er das Teleskop hatte klauen wollen.

ALF erkannte erneut seine Chance. „Okay, aber nur, wenn du niemandem erzählst, daß du mich getroffen hast. Und vergiß nicht, das Teleskop zu reparieren, Amigo!“

Jake beruhigte sich langsam. Direkte Gefahr schien im Moment von diesem sprechenden, haarigen Schnauzwesen nicht auszugehen. Interessiert musterte Jake den kleinen Melmac: „Wer oder was bist du? Wo kommst du her?“ fragte er schließlich.

„Ich bin ein Außerirdischer. Vom Planeten Melmac. Und ich habe Kräfte, von denen du nur träumen kannst.“ ALF schlug sich wie Tarzan mehrmals vor die Brust.

Jake erzitterte wieder bis ins Mark. Trotzdem siegte die Neugier über die Angst. „Und was für Kr... Krä... Kräfte sind das?“ stotterte er.

„Na ja, nur ein Beispiel. Ich kann zehn Stunden lang fernsehen und muß nicht ein einziges Mal aufs Klo! Das muß mir erst mal einer nachmachen.“

Jake schien tatsächlich beeindruckt. Sofort begann er die Einzelteile des Teleskops vor sich auszubreiten und sie fachmännisch wieder zusammenzusetzen.

„Wissen die Tanners eigentlich, daß du hier rumläufst?“

Da konnte ihn ALF beruhigen: „Ich bin ein Außerirdischer mit Familienanschluß“, sagte er nicht ohne Stolz. „Die Tanners wissen alles über mich. Oder fast alles. Nicht wissen sie, daß ich mir früher mal das Fett habe absaugen lassen. Das hat aber nicht viel genützt. Inzwischen ist alles wieder drauf!“ Vorsichtig strich sich ALF über seinen Bauch, der wirklich enorme Rundungen aufwies.

Allein schon um von diesem leidigen Thema abzulenken, versuchte ALF jetzt einiges über Jake herauszubekommen. „Wo hast du eigentlich gelernt, Teleskope zu reparieren. Auf dem Technikum?“

Der Junge hatte inzwischen den letzten Deckel aufgeschraubt und das Teleskop wieder auf sein Stativ gesetzt. Mittlerweile schien er sich an ALF gewöhnt zu haben. Jedenfalls zitterte er jetzt nicht mehr vor Angst.

„Das habe ich bei meinem Vater gelernt. Wir haben immer alles mögliche aus dem Müll gezogen und wieder repariert. Mein Daddy kriegt einfach alles hin. Spezialisiert hatte er sich aber auf die Wetten beim Pferderennen!“ Jake war sichtlich stolz auf seinen Vater.

Ach ja! Das erinnerte den kleinen Außerirdischen an die Zeiten von früher. „Auf Melmac“, erzählte er, „gab es nur einen einzigen, der Sachen reparieren konnte. Wir hatten ihn in einem Käfig ausgestellt. Schließlich hat er die Käfigtür repariert und ist abgehauen.“

Jake hatte offensichtlich Humor. Er grinste über ALFs Melmac-Erinnerungen. Doch dann drängte er zum Aufbruch. Sonst würden die Ochmoneks vielleicht nach ihm suchen.

Das wollte ALF auf keinen Fall. Der Gedanke an Rachel im Morgenmantel war ihm nicht besonders angenehm. Er hätte sich gern noch mit diesem interessanten Bürschlein unterhalten, aber besser war's, kein Risiko einzugehen.

„Also gut, schleich dich! Und denk an unsere Abmachung. Du darfst keinem Menschen etwas über mich erzählen!“

„Wir geben weder Tips noch Trinkgelder. Und geplaudert wird schon gar nicht.“ ALF hatte Jakes Ehrenwort.

Der Melmac streckte dem Jungen seine haarige Pfote entgegen. „Ich heiße ALF. Komm mal wieder vorbei!“

Zögernd, mit weit ausgestrecktem Arm, schüttelte der kleine Eindringling ALFs Pfote. Dann verabschiedete er sich hastig und verschwand draußen in der Dunkelheit.

Das beschauliche Leben im Hause Ochmonek war seit Jakes Einzug zu Ende. Jake hielt Rachel und Trevor mit immer neuen Ideen auf Trab. Was den einen ihr Außerirdischer, war den anderen ihr Ziehsohn. Eine von Jakes Lieblingsbeschäftigungen war Basketball spielen mit selbstgedrehten Papierkügelchen. Jake tobte wie ein aufgeschreckter Wilder durch Ochmoneks Wohnzimmer und versuchte, ein urnenartiges Gefäß zu treffen. Stehend vom Sofa aus gelang ihm das am besten.

Verwundert sah sich ALF Jakes Treiben durchs Fenster an. „Was der sich alles traut!“ Im stillen bewunderte er den Jungen.

In diesem Moment kam Rachel ins Zimmer. ALF duckte sich. Er wollte Jake sprechen. Rachel aber durfte ihn auf keinen Fall sehen. Eine weitere unheimliche Begegnung der extremen Art hätte sie nicht verkraftet. Da hörte er sie auch schon schimpfen:

„Jake, was soll denn das? In diesem Gefäß ruht meine Tante Ruth!“

Jake lachte und beruhigte seine Tante. „Ich habe vorgesorgt und Tante Ruth umgebettet. Sie ist jetzt in der Teekanne!“

ALF konnte kaum glauben, was er da hörte. Vorsichtig linste er durchs Fenster und gab Jake Zeichen, daß Rachel besser mal verschwinden solle.

Null Problemo für ein Schlitzohr wie Jake. „Tantchen, ich habe Onkel Trevor im Schlafzimmer ‚Das ist amore!‘ singen hören“, bemerkte er so nebenbei. Das wirkte sofort. Rachel flatterte aufgeregt davon. Und ALF hörte sie noch „Trevor, warte, ich bin gleich bei dir!“ rufen.

Jake öffnete das Fenster. Er sah einen ihn treuherzig anschauenden ALF, der zwischen einer Ladung von Elektrogeräten fast verschwand. Überrascht schaute Jake auf einen Toaster, ein Tonband, eine Kaffeemaschine, einen Mixer und einen Eierkocher.

„Ich bringe dir nur ein paar Sachen zum Reparieren rüber“, klärte ALF ihn kurz auf und hielt Jake das Tonbandgerät vor die Nase. „Hier, das ist mit Haaren verstopft. Ich weiß auch nicht, wie das passieren konnte.“

„Und was ist mit dem Mixer passiert?“ Jake hatte seine

Überraschung überwunden. Bei den Außerirdischen mußte man wohl auf alles gefaßt sein.

„Damit wollte ich ein paar Steine pürieren. Das hat aber nicht funktioniert!"

Jake nahm den Mixer in die Hand und schaute ihn sich eingehend an.

In dem Moment hörte man aus dem Hintergrund Rachels Stimme. „Jake, mit wem sprichst du denn?"

„Das ist nur der Fernseher!" rief Jake zurück. ALF konnte es wieder mal nicht lassen. Um Jake zu bestätigen, miemte er den Reporter. „Willkommen zum Fußball am Montag", rief er laut.

Jake winkte entsetzt ab. Es war Samstag.

Leise erkundigte sich ALF dann bei dem verdatterten Jake, ob der wohl alle diese Sachen reparieren könnte.

Für Jake war das überhaupt keine Frage. „Mein Motto ist: Was ich nicht reparieren kann, ist nicht kaputt!"

ALF schloß den Jungen tief ins Herz. Hier war eine verwandte Seele.

Er beeilte sich, Jake seinen Wahlspruch mitzuteilen: „Ich mache alles kaputt. Du kannst aber auch sagen: Ich bin der große Zerstörer!"

Jake lachte und zitierte einen beliebten Ausspruch seines Vaters: „Der hat immer gesagt: Lieber einbrechen als gar nichts kaputtmachen."

Das gefiel ALF. Doch jetzt mußte er sich wieder auf die Socken machen. Die Tanners suchten möglicherweise nach ihm. Und erreicht hatte er ja, was er wollte. Jake, der Reparator, würde alles wieder hinkriegen. Das würde ALF, dem Destruktor, bei den Tanners mächtig Pluspunkte einbringen. Jake war in Ordnung. Das hatte ALF gleich erkannt.

„Ach, ich liebe solche Männerfreundschaften", rief er Jake noch im Weggehen zu. „Was hältst du davon, wenn wir mal rausgehen und eine Katze auf den Grill schmeißen ...?"

Im Wohnzimmer traf ALF auf Willie und Lynn. Beide saßen auf der Couch. Willie las ein Buch, Lynn blätterte in einem Katalog. Offensichtlich hatte sie schon etwas gefunden, das ihr gefiel. Sie zeigte Willie die Seite. „Daddy … sieh mal, die Stiefel würden gut zu meinem blauen Overall passen."

Willie nickte geistesabwesend, er war nicht sonderlich an Stiefeln interessiert. Beharrlich verfolgte Lynn das Thema weiter. „Weißt du, Paps, ich könnte sie an meinem Geburtstag zum Overall anziehen."

Gedankenverloren sah Willie seine Tochter an. „Hast du schon wieder Geburtstag? Ist schon wieder ein Jahr um? Wie die Zeit vergeht!"

ALF konnte es nicht fassen. Willie kapierte mal wieder rein gar nichts. „Lynn will Stiefel zum Geburtstag. Lynn will neue Stiefel!" krakeelte er durchs Zimmer.

Lynn war von dieser Show-Einlage gar nicht begeistert. Sie hatte das Thema eigentlich diskreter behandeln wollen. Nun gut, jetzt war es eben raus. Und die Stiefel paßten wirklich gut zu ihrem Overall.

ALF baute sich provozierend vor Willie auf und streckte ihm seine Zunge raus: „Sag mal, Willie, würde eine Pizza gut zu meiner Zunge passen? So farblich gesehen?"

Soviel Unverschämtheit hatte Willie nichts entgegenzusetzen. Seufzend gab er nach. „Hau ab und bestell dir deine Pizza. Und bitte laß mich dann in Frieden. Ich möchte endlich mal dieses Buch lesen!"

Doch aus Willies beschaulichem Feierabend wurde es nichts.

Wenige Minuten später war vor der Tür Getöse zu vernehmen, dann hörte man die aufgeregte Stimme von Trevor Ochmonek und dazwischen Jakes schrillen Protest. Genervt sah Willie zur Decke. Da pochte es auch schon an der Tür.

Willie stand auf und öffnete ergeben. Trevor schubste Jake ins Tannersche Wohnzimmer und hielt Willie einen Kassettenrecorder vor die Nase.

„Ich habe den Recorder nicht gestohlen“, verteidigte sich Jake, „ich wollte ihn nur reparieren.“

Trevor war außer sich. „Du bist ein Lügner“, tobte er mit hochrotem Kopf. „Wenn dein Vater nicht im Gefängnis säße, würde er sich zu Tode schämen.“

ALF fand, daß es nun an der Zeit war, Jake beizustehen.

Zuerst versuchte er, wild gestikulierend auf sich aufmerksam zu machen. Als das nicht fruchtete, entschloß er sich, zu drastischen Maßnahmen zu greifen.

Willie, der versuchte, gleichzeitig Trevor zu beruhigen und Jakes Vertrauen zu gewinnen, stoppte beide Bemühungen abrupt, als ihn ein Plätzchen am Kopf traf.

ALF hatte es, von den anderen unbemerkt, durch die Durchreiche geworfen. Irritiert entschuldigte sich Willie für einen Moment und verschwand in der Küche.

Bevor Willie überhaupt über ALF herfallen konnte, versuchte es der Melmac mit einem seiner Ablenkungsmanöver: „Na“, meinte er launig, „war doch olympiareif, dieses Volley-Plätzchen!“ Es nutzte ihm nichts. Willie war wütend.

Also kam ALF zur Sache: „Ihr tut Jake unrecht. Er ist ein guter Junge, und das Tonband hat er nicht gestohlen. Er wollte es reparieren. Er kann nämlich alles reparieren.“

„Woher weißt du soviel über den Jungen? Hat er dich etwa gesehen?“ Willie schwante Übles.

ALF nickte, beteuerte aber, daß Jake niemandem davon erzählen würde.

Willie schnappte hilflos nach Luft.

„Außerdem“, so fuhr ALF mit seinem Plädoyer fort, „der Junge gilt als Lügner. Wer würde ihm so eine Geschichte glauben? Aber er ist ein Genie, sage ich dir. Der hat die Kaffeemaschine repariert, in der lauter Puddingreste geklebt haben. Der Mixer funktioniert auch wieder und das Tonband ja auch.“

Kopfschüttelnd und völlig durcheinander verließ Willie die Küche. Es half nichts. Um ALF zu decken, mußte er mal wieder den Deppen spielen. Als erstes schüttelte er Jake die Hand und entschuldigte sich bei ihm.

Dann wandte er sich an Trevor. „Trevor, wir haben ihm bitter unrecht getan. Er wollte das Gerät wirklich reparieren. Das habe ich gerade von Kate erfahren. Dieser Junge scheint ein kleiner Reparaturexperte zu sein!"

„Kleiner Reparaturexperte! Oh, wie niedlich!" Lynn lachte höhnisch, und wie eine Mutter ihrem Sohn, so strich sie Jake sacht über das Haupt.

Jake schüttelte sich. „Bist du noch immer scharf auf mich?" rechnete er knallhart mit ihr ab. Dann war Trevor an der Reihe: „Jetzt fühlst du dich hoffentlich wie ein alter Trottel, Ziehdaddy!"

Trevor, der Tomatenzüchter, war tief betroffen. Dieser Knirps war einfach eine Überforderung. „Ja, wirklich. Es tut mir leid!" sagte er und streckte ihm ebenfalls zur Versöhnung die Hand hin.

Willie hatte eine Idee: „Trevor, besorgen Sie dem Jungen doch ein bißchen eigenes Werkzeug. Dann kann sich Jake bei euch nützlich machen."

Trevor war sofort begeistert. „Jake, könntest du gleich mal die Weihnachtsbeleuchtung überprüfen? Hey, Willie, können Sie ihm mal Ihr Werkzeug leihen?"

„Aber gern, es ist ohnehin schon fast alles in Ihrer Garage!" Willies Ironie verhallte unverstanden.

Kaum waren Trevor und Jake abgezogen, war ALF wieder zur Stelle. Mit stolzgeschwellter Brust stellte er sich vor Willie. „Was sagst du nun? Ich bin eben ein Experte für Familienzusammenführung!"

Willie versuchte ihn zu ignorieren und vertiefte sich demonstrativ in seine Lektüre. Da riß ihn ein ohrenbetäubender Lärm aus dem Sessel:

„Hallo, Tanner, hallo, Tanner!"

Offenbar hatte Jake den Außenlautsprecher der Ochmoneks repariert.

Erschöpft ließ Willie sich wieder zurückfallen. „Ein außerirdischer Experte für Familienzusammenführung und ein irdischer Reparaturkünstler", seufzte er, „das zusammen ist einfach zuviel für mich!"

Der Traumkandidat

Eine Karte für ALF Tanner, eine Karte für Lynn, eine für Kate, eine für Brian, eine für Willie. So, und jetzt noch eine für Gordon Shumway. ALF schrieb die Adresse und notierte zum sechstenmal das Lösungswort des Preisausschreibens. Damit mußten sie doch eigentlich den tragbaren Farbfernseher gewinnen. Notfalls, überlegte sich ALF, wäre er auch mit einem Toaster einverstanden.

Diese Arbeit war also erledigt. Was kam als nächstes dran? Ach ja, er mußte noch ein paar Formulare ausfüllen. Das schien allerdings nicht so einfach zu sein. Ratlos kaute ALF an seinem Bleistift herum. Schließlich besah er ihn sich genauer.

„Interessante Konstruktion, so ein Bleistift!" sagte er zu Willie, der gerade ins Wohnzimmer trat. ALF legte seine Stirn in Denkerfalten. „Woher kommen Bleistifte eigentlich?"

Willie war einem Gespräch nicht abgeneigt. Außerdem war er auf dem Standpunkt, daß ein Außerirdischer ein besonderes Recht auf die Beantwortung seiner Fragen hatte. Wie sollte er sonst etwas von der Erde erfahren? Also holte Willie tief Luft und wollte gerade mit einer ganzen Reihe von Theorien beginnen, da äußerte ALF den Wunsch: „Faß dich kurz, bitte!"

Willie war beleidigt wegen dieser Undankbarkeit. „Schreibwarenladen!" antwortete er knapp. Das hatte ALF nun davon.

Doch der gab sich damit zufrieden und widmete sich wieder den Formularen, die vor ihm auf den Tisch lagen. Sein geschäftiges Verhalten mußte Aufmerksamkeit erregen.

Vorsichtig schaute ihm Willie über die Schulter. „Sag mal, das ist ja ein Antrag auf Eintragung ins Wahlregister!"

„Dir kann man aber auch nichts verheimlichen. Bist eben ein schlaues Bürschchen!"

Willie schüttelte den Kopf. Wie oft hatte er ALF schon erklärt, daß er nicht wählen konnte, weil er kein Bürger der Vereinigten Staaten war! Noch einmal das Ganze. „ALF, du darfst nicht wählen."

Das schien ALF diesmal nicht sonderlich zu bekümmern. „Na gut, wenn du meinst." Er fing an, in seinem Papierstapel zu kramen. Schließlich zog er einen neuen Bogen heraus. „Dann beantrage ich eben eine Steuerkarte."

„Die braucht man nur, wenn man arbeitet!"

ALF hatte ein dickes Fell und die Ruhe weg. „Okay. Es gibt ja noch mehr Anträge. Heiratsanträge zum Beispiel. Jetzt hab' ich's: Ich heirate Lynn. Damit werde ich Bürger, kann wählen, und dann lass' ich sie fallen wie eine heiße Kartoffel!"

Er schlug sich vor Begeisterung auf die Schenkel. Die Idee gefiel ihm. Er spann sie gleich weiter. „Na ja, zuerst wird es hart sein für die Arme. Sie wird heulen und zuviel trinken. Und dann wird sie sich mit einem Bongospieler trösten."

„ALF!" Willie versuchte vergeblich, dessen Redestrom zu stoppen.

„Du wirst den Bongospieler mögen. Er ißt keine rote Bete."

Jetzt hatte Willie die Nase voll. „Weder du noch der Bongospieler werden meine Tochter heiraten!" Er riß ALF die Formulare und den Stift aus den Händen. „Und du wirst nicht wählen!"

ALF verstand die Welt nicht mehr. „Ich habe keine Stimme im Parlament, ich darf nicht arbeiten, ich darf Lynn nicht heiraten. Ich frage mich, was ich überhaupt noch soll!" maulte ALF und trommelte gereizt auf der Tischplatte herum.

„Und ich frage mich, wieso du wieder so aufgedreht bist! ALF, wie viele Tassen Kaffee hast du heute getrunken ?"

ALF konnte sich nicht genau erinnern. Aber er begann gewissenhaft an seinen Fingern und Zehen abzuzählen. „Es waren vierzig, plus minus zwei", lautete sein Ergebnis. „Nicht viel mehr als sonst auch."

Das durfte heute nacht ja mal wieder lustig werden. Willie dachte jetzt schon mit Grausen daran, daß ALF sicher kein Auge zutun würde. Die nächtlichen Störmanöver der letzten Zeit reichten Willie zur Genüge. Er wollte auch mal wieder durchschlafen. Das nahm sich Willie jedenfalls in diesem Moment fest vor.

Also würde er heute das Schlafzimmer zusperren. Erbarmungslos. Aber der Abend hatte gerade erst angefangen, und noch dachte bei den Tanners niemand ans Zubettgehen.

Kate hatte die Feierabendplanung übernommen. „Ratet mal, was wir heute machen?" fragte sie mit geheimnisvoller Miene, während sie eine riesige Schüssel Popcorn auf den Couchtisch stellte. Erwartungsvoll schaute sie in die Runde ihrer Lieben.

Bei solchen Fragen war ALF nie um eine Antwort verlegen. „Wir schlagen uns die Bäuche voll, bis wir kleine blaue Punkte vor den Augen sehen!" hoffte er inbrünstig.

Weit gefehlt! Leider war Kates Plan deutlich gemäßigter und hatte mit essen allenfalls am Rande zu tun. „Wir sehen uns zusammen die Präsidentschaftsdebatte im Fernsehen an."

Lynn verzog das Gesicht. Dazu hatte sie absolut keine Lust. „Ich nicht!" sagte sie bestimmt.

„Lynn, du wirst doch dieses Mal mitwählen. Da ist es wichtig, daß du weißt, worum es geht", versuchte Kate ihre Tochter umzustimmen.

„Ja, Lynn. Hör auf deine Mutter", unterstützte ALF Kate. Ausgerechnet!

„Wieso? Machst du doch auch nicht", maulte Lynn.

„Sie ist nicht meine Mutter", stellte ALF trocken fest.

Doch Lynn hatte nun mal null Bock auf staatsbürgerlichen Nachhilfeunterricht per Fernsehen. „Ich bin verabredet", fiel ihr jetzt als Ausrede ein.

„Sie will ja nur ihren neuen Schwarm im Einkaufszentrum besuchen", petzte Brian. „Eidechse verkauft da nämlich zur Zeit Würstchen am Stiel."

„Brian", protestierte Lynn, „du sollst meine Telefongespräche nicht belauschen!"

„Tu' ich ja auch nicht. ALF macht das."

„Hast du gehört?" motzte ALF, der Gerechtigkeit über alles liebte, Lynn an. „Du schuldest Brian eine Entschuldigung. Außerdem solltest du wirklich zu Hause bleiben und die Debatte verfolgen!"

Sein Einsatz für den politischen Fernsehabend überraschte selbst Kate. „Seit wann interessierst du dich denn für Politik, ALF?" erkundigte sie sich.

„Du fragst Sachen!" ALF klang empört. „Bei uns auf Melmac war ich ein Mitglied der Demokatzen!"

„Demokatzen?" wiederholte Brian. „Was war denn das für eine Gruppe?"

ALF sprang auf, hüpfte von einem Bein aufs andere und miaute mehr schlecht als recht. Dann erklärte er mit ernstem Gesicht: „Wir Demokatzen waren gleichzeitig eine politische Partei und eine Schubidu-Band. Irgendwo in meinem Raumschiff müßte ich noch Flugblätter haben. Vielleicht magst du mal nachsehen, Willie?"

Willie schüttelte nur den Kopf. Er hatte keine Lust, sich darauf einzulassen. Außerdem fing gleich die Debatte an. Mißbilligend nahm er zur Kenntnis, daß seiner Tochter offensichtlich Würstchen am Stiel wichtiger waren als das politische Schicksal der Nation. Denn Lynn hatte sich inzwischen heimlich, still und leise aus dem Staube gemacht. Und auch Brian war verschwunden.

ALF aber schien den Fernsehabend kaum erwarten zu

können. In freudiger Erregung stopfte er pfotenweise Popcorn in sich hinein. Dann endlich!

Auf dem Bildschirm war jetzt John McLaughlin zu sehen, der verbindlich grinsende Moderator der Sendung. „Zu meiner Rechten", stellte er voll überquellendem Charme vor, „sitzt Gil Hasenpfeffer, der Senator von Wyoming, zu meiner Linken Nathan Peal, Kongreßabgeordneter aus Oregon." Die beiden Kandidaten strahlten um die Wette von einem Ohr zum andern. Dann nannte McLaughlin die Themen dieses für die Nation so bedeutenden Abends: „Haushalt und Abrüstung – zwei Themen, an denen alle Bürger interessiert sind."

Wenn er sich da mal nicht täuschte! ALF hatte nämlich gerade die Fernbedienung vom Tisch geangelt und schaltete jetzt den Ton ab. Sein eigener Kommentar war wichtiger als sämtliche Haushalts- und Abrüstungsdebatten. „Hey, ich habe gerade Hasenpfeffers Schienbein gesehen. Es ist käseweiß. Ich war mir vorher nie bewußt, wie unattraktiv das menschliche Bein sein kann!"

„Könnten wir diese Diskussion bitte abbrechen", forderte ihn Willie gereizt auf.

„Natürlich", erklärte ALF bereitwillig. „Was sollten wir denn darüber auch diskutieren? Diese Beine von diesem Kerl sehen aus wie Zahnpasta! Basta! Das ist eine Feststellung."

Willie schnappte sich die Fernbedienung und stellte den Ton wieder an. Die drei waren mittlerweile zum Thema gekommen, genauer gesagt zum Thema: Wie wird der Haushalt ausgeglichen. Bildschirmfüllend führte der Senator aus: „Nun, es gilt, zwei Dinge zu berücksichtigen. Die Komplexität jeglicher Maßnahmen, Ausgaben einzuschränken, und die Problematik, die wir in Betracht ziehen müssen, wenn Mehreinnahmen durch Steuererhöhungen erwirtschaftet werden."

Willie runzelte die Stirn, Kate schüttelte den Kopf, und ALF platzte heraus! „Das ist doch nichts weiter als eine Riesenkanne kalter Kaffee!"

„ALF!" mahnte Kate.

„Also wirklich!“ So leicht konnte sich ALF nicht beruhigen. „Wenn du den Haushalt ausgleichen willst, dann mußt du einfach weniger ausgeben, als du einnimmst!“

Willie hatte eben seine Schuhe ausgezogen, um es sich auf dem Sofa gemütlich zu machen.

ALF beobachtete ihn interessiert und schloß seinen bemerkenswerten Beitrag über die Staatsökonomie mit der Feststellung: „Igitt, Willie! Deine Beine erinnern aber auch verblüffend an Zahnpasta!“

„Stell den Ton wieder an“, befahl Kate in einem Ton, der jedem General Ehre gemacht hätte. „Mich interessiert nämlich der kalte Kaffee!“

Der Moderator war inzwischen beim Thema Sicherheitspolitik angelangt. Zum Kongreßabgeordneten gewandt, malte er mit strahlendem Lächeln eine Schreckensvision aus: „Sie sind Präsident, und das rote Telefon läutet. Sowjetische Langstreckenraketen bedrohen Amerika. Wie würden Sie sich verhalten?“

ALF war das Gerede schon jetzt zuviel. Er hatte sich bereits sein Urteil gebildet. „Ich würde den zerknitterten Kerl in der Mitte wählen. Wenn ich könnte!“

Was der Kongreßabgeordnete dann von sich gab, konnte ALF in seiner Meinung nur noch bestätigen. „Nun, als Antwort auf Ihre Frage möchte ich sagen, was schon einmal vor mir gesagt wurde: Wir haben nichts zu fürchten, außer der Furcht an sich. Und indem wir uns gegen das Unmögliche wappnen, verhindern wir, daß das Undenkbare unausweichlich wird.“ Ohne bemerkbar Luft zu holen, redete er weiter und gab dem verzweifelten Moderator keine Chance, seine Höhenflüge zu unterbrechen. „Das sogenannte Gleichgewicht der Kräfte hat in der Vergangenheit funktioniert, so daß ich keine Veranlassung sehe, schon jetzt einseitig Abrüstung zu betreiben.“

ALF war entsetzt. Solche Kerle wollten Präsident werden? ALF war weniger zimperlich als der Moderator. Er sagte seine

Meinung ohne Umschweife jedem, der sie hören wollte oder nicht. „Das ist doch alles dummes Zeug, was der erzählt! Das Prinzip heißt: Frieden schaffen ohne Waffen. Man muß einfach den Leuten, die wütend aufeinander sind, sagen: Küßt euch und seid friedlich!"

Willie schaute ALF unwillig an und fragte ironisch: „Erwartest du vielleicht, daß sich die ganzen Regierungschefs küssen?"

ALF nickte heftig, schränkte dann aber ein: „Na ja, nicht gerade auf den Mund!"

„ALF, internationale Politik ist sehr kompliziert." Kate versuchte, ALFs Problembewußtsein zu vergrößern. „Die Sowjets wollen Frieden so wie wir. Aber sie haben eine andere Geschichte und Ideologie und andere wirtschaftliche Voraussetzungen."

„Du klingst schon genauso wie dieser Windbeutel", warf ALF Kate vor.

„Das ist ja wohl nicht dein Ernst!" Kate schwieg beleidigt.

„Die Sowjets wollen Frieden so wie wir", hörten sie da den Windbeutel sagen. „Aber uns trennen eine andere Geschichte und Ideologie und andere wirtschaftliche Voraussetzungen."

Kate saß wie erstarrt da, sie war plötzlich ganz blaß geworden.

Aber Demokatz ALF war auf einmal tief beeindruckt von ihr. „Kate, ich glaube, du könntest auch Präsident werden! Vielleicht wärst du gar nicht mal so schlecht!"

Kate bedankte sich für dieses unerwartete Kompliment. Trotzdem hatte auch sie jetzt genug von der Fernsehpolitik. Sie schaltete den Fernseher ab und gähnte laut und vernehmlich. Damit weckte sie Willie auf, der auf dem Sofa eingeschlafen war.

„Es ist höchste Zeit, ins Bett zu gehen", stellte er mit einem Blick auf die Uhr fest. Nacheinander zogen sie ab: Willie, Kate, ALF.

Wenig später huschte ALF unbemerkt ins Schlafzimmer.

Natürlich hatte Willie vergessen, die Tür abzuschließen. Willie lag schon im Bett, Kate war noch im Badezimmer. Die Türen standen offen, so daß ALF Kate im Spiegel sehen konnte. „Mit dieser Beleuchtung im Hintergrund sehe ich eine bewundernswerte Silhouette …" rief ALF pathetisch. Kate kam mit einem langen, weißen Nachthemd ins Schlafzimmer, ALF schwärmte weiter: „Du siehst aus wie ein Engel!"

Kate roch Lunte. Zwei Komplimente von ALF innerhalb kürzester Zeit. Das hatte doch was zu bedeuten! „Was willst du?" fragte sie ihn, während sie sich ins Bett legte.

„Ich kann nicht schlafen. Ich muß immer noch an diese Debatte denken." ALF hockte sich zu Kate aufs Bett. „Politiker sind doch außerstande, einfache Antworten zu geben", murrte er.

„Das liegt daran, daß die Fragen ziemlich kompliziert sind", erklärte Kate, die den politischen Überblick zu haben schien.

„Ich glaube, daß die Wähler trotzdem gern die Antworten verstehen würden!"

„Und wie einfach soll eine Antwort deiner Meinung nach sein?" fragte Kate spöttisch. „So einfach wie deine Antwort neulich auf das Problem der Arbeitslosigkeit?" Sie ahmte ALFs Stimme nach: „Man könnte einen Arbeitslosen anstellen, der mich Huckepack nimmt!"

„Mit diesem Thema ist nicht zu spaßen", wies ALF Kate zurecht. „Wenn ich die Würde eines Menschen wiederherstellen kann, indem ich ihm auf den Rücken steige, werde ich mich nicht weigern!"

Jetzt platzte Willie nebenan der Kragen. „ALF, du hast keine Ahnung, wie unsere Demokratie funktioniert! Du siehst immer nur das Bild, aber nicht den Rahmen. Laß uns morgen darüber sprechen. Ich bin nämlich todmüde."

„Meinst du den Rahmen um das Bild überm Klavier?" überlegte ALF angestrengt.

„Nein! Mit dem Rahmen meine ich …"

„Aber ich will ihn mir gerne ansehen“, fiel ALF ihm ins Wort. „Ich steig’ mal eben aufs Klavier.“

„ALF, das war ...“

„Willie, wenn sich ALF so für das Bild interessiert, laß ihn doch gehen“, unterbrach ihn Kate nicht ohne Hintergedanken.

ALF hüpfte auf den Boden. „Danke, Kate. Aber schließt eure Tür nicht ab. Möglicherweise habe ich noch ein paar politische Fragen an euch!“

Kaum war er aus dem Zimmer, sprang Willie aus dem Bett und lief auf Zehenspitzen zur Schlafzimmertür, um abzuschließen, ALFs Bitte schmählich mißachtend. „Der Kerl hat doch tatsächlich unseren Zimmerschlüssel mitgenommen“, fluchte Willie halblaut. „Da bin ich ja mal gespannt, wie diese Nacht weitergeht.“ Resigniert ging er wieder zum Bett und löschte das Licht. Wenig später war er schon in einen tiefen und festen Schlaf gefallen.

Kate schlief unruhig. Auf einmal sah und hörte sie neben sich Mr. McLaughlin.

„Mrs. Tanner, was gedenken Sie gegen die Umweltverschmutzung zu tun?“

Kate, die vielversprechende, reizende Kandidatin für die Präsidentschaftswahl, hatte sofort eine Antwort parat: „Mein Umweltrettungsplan schließt Steuervorteile auf dem industriellen Sektor ein, um Fabrikmodernisierungen zu fördern, ebenso wie Gesetze ...“

„Alles kalter Kaffee“, platzte der Kandidat links vom Moderator dazwischen.

Kate glaubte zu träumen: „ALF?“

„Kandidat ALF!“ bat dieser. Und zum Moderator gewandt: „Fragen Sie den Kandidaten, dann brauchen Sie nicht rätselraten, denn der Gute riecht den Braten, und zwar quer durch alle Staaten.“

„Könnten wir bitte ernsthaft diskutieren!“ Kate war entrüstet.

„Ruhe!“ Der Moderator warf ihr einen strafenden Blick zu. „Kandidat ALF ist an der Reihe.“

„Um der Luftverschmutzung Herr zu werden“, erklärte ALF jetzt mit bedeutungsschwerer Stimme, „müssen wir alle Schornsteine mit Ballons bestücken. Damit fangen wir die schmutzige Luft ein.“

Donnernder Applaus aus dem Publikum! Alle riefen und klatschten im Takt: „ALF, ALF, ALF for President!“

Kate wachte schweißgebadet auf. Sie wischte sich über die Stirn und öffnete die Augen. Träumte sie noch immer? ALF stand vor ihr. Sie schüttelte den Kopf, um den Traum zu verscheuchen. ALF blieb stehen, wo er war. „ALF, was machst du hier?“

„Ich habe es satt, den Bilderrahmen anzustarren.“ Er rührte sich nicht vom Fleck.

„Wolltest du was Bestimmtes?“ erkundigte sich Kate leicht ungeduldig.

„Fleisch.“

„Mehr nicht?“

„Und Käse. Und das zwischen getoastetem Weißbrot.“

„Und was suchst du hier im Schlafzimmer? Los, zisch ab.“ Jetzt wurde es Kate allmählich zu bunt.

„Ich will auch noch etwas von dir wissen. Warum hat der Moderator die einzige wirklich wichtige Frage nicht gestellt? Die Frage: Werden Sie ein guter oder schlechter Präsident sein? Wenn einer dann sagt, er wäre ein schlechter Präsident, dann würde ich ihn nicht wählen!“

„Die Frage ist sehr vernünftig“, bestätigte Kate, um nur schnell wieder ihre Ruhe zu haben. „Du solltest Moderator sein. Und jetzt gute Nacht.“

Sie drehte sich demonstrativ auf die andere Seite und vergrub den Kopf im Kissen.

„Okay! Wenn du mich brauchst, findest du mich im Kühlschrank!“ verabschiedete sich ALF.

Kate war sofort eingeschlafen. Mit einemmal sah sie ALF im Moderatorenstil. Sie selbst hatte links von ihm Platz genommen. Rechts saß Senator Hasenpfeffer. Das Thema Arbeitslosigkeit kam zur Debatte.

Moderator ALF wollte wissen: „Mrs. Tanner, wenn Sie gewählt werden, bekommt mein Bruder dann eine Stelle?"

„Unter meiner Finanzpolitik, glaube ich, hat er eine sehr gute Chance!" brüstete sich Kate.

Da brüllte der Moderator vor Lachen los: „Hahaha! Das zeigt, daß Sie nicht die geringste Ahnung haben, Mrs. Tanner. Ich habe nämlich gar keinen Bruder. Wie oft machen Sie Versprechungen, die Sie nicht einhalten können?"

„Niemals."

„Schon wieder eine Lüge! Sie haben's schließlich gerade getan!" ALF schrie vor Empörung. „Dem Lügner aber glaubt man nicht, und wenn er auch die Wahrheit spricht!" Er wandte sich an das Publikum im Saal: „Würden Sie eine Lügnerin wählen?"

„Nein!" kam es wie aus einem Munde.

Während das Publikum pfiff und schrie, versuchte sich Kate zu verteidigen. „Ich habe nicht gelogen. Ich habe nicht gelogen. Ich habe nicht gelogen!"

„Dann sag die Wahrheit. Was ist los?"

Kate fuhr hoch. Hatte sie schon wieder geträumt? Oder träumte sie noch immer? Da stand ALF, von oben bis unten mit ihrem Modeschmuck behängt: mit roten Schleifchen im Fell, den Ketten aus der Karibik und riesigen Ohrclips. Er sah aus wie ein geschmückter Weihnachtsbaum. Kein Zweifel, das war kein Traum. „ALF, was machst du denn da?" fragte sie überrascht.

„Ich schmücke mein Haarkleid", gab er mit der größten Selbstverständlichkeit zur Antwort und drehte sich gefällig einmal im Kreise, damit Kate auch die Rückenansicht bewundern konnte. „Und was machst du da?"

„Ich hatte einen Alptraum."

„So einen wie den, den ich immer habe?" erkundigte er sich interessiert und führte aus: „Wenn ich träume, ich gehe zur

Arbeit, und plötzlich merke ich, daß ich vergessen habe, meine Hose anzuziehen? ... Und dann fällt mir ein, daß ich gar nicht arbeite und keine Hosen trage."

„Nein." Kate klang genervt. „Ich habe geträumt, ich wäre bei einer Präsidentschaftsdebatte. Und du warst der Moderator und hast blöde Fragen gestellt."

„Hatte ich Hosen an?" wollte ALF gespannt wissen.

„So blöde Fragen wie diese", erwiderte Kate trocken.

„Ich habe noch eine blöde Frage: Warum sehen die Kandidaten alle gleich aus?"

„Ich glaube, das liegt an den Persönlichkeitsberatern der Politiker. Bei denen geht's immer nach demselben Schema. – So, genug jetzt. Warum erzähl' ich dir das überhaupt?"

„Ich dachte, du wolltest mich in den Schlaf lullen", säuselte ALF zuckersüß.

„Raus jetzt!" brummte Kate grimmig.

ALF schüttelte verständnislos den Kopf: „Für 3.I4 Uhr am Morgen bist du ganz schön gereizt. Ich komme lieber später noch mal vorbei, sagen wir so gegen 5.28 Uhr!"

Vor ALF hatte sie erst mal Ruhe. Aber nicht vor ihren Traumgespinsten: Kate kam von der Debatte nach Hause. Die ganze Familie wartete gespannt.

„Du warst bombig", wurde sie empfangen.

„Supersahne."

„Spitzenklasse."

„Alles Mist! Gequirlte Mäusekacke!" Das war ALF. „Warum sagt ihr Kate nicht die Wahrheit? Du solltest nicht Präsidentin werden, sondern Vorarbeiterin auf einer Stinktierfarm." Er machte eine kunstvolle Pause nach dieser vernichtenden Kritik. „Du brauchst Hilfe. – Hier meine Karte", bot er dann großzügig an.

„Gordon Shumway, Persönlichkeitsberater", las Kate.

„Bin frisch in die Branche eingestiegen", brüstete sich Hühnerbrust ALF. „Ich dachte immer, der Beruf wär' überflüssig. Aber dann sah ich Kate im Fernsehen."

„Sehr schmeichelhaft", knirschte diese.

„Schon allein der Name: Kate Tanner. Da fehlen Power und Pep. Man denkt dabei doch sofort an: Putz dir die Schuhe ab, ich hab' gerade gewischt." Der frischgebackene Persönlichkeitsberater setzte einen verächtlichen Blick auf.

„Und welchen Namen würdest du vorschlagen?"

„Zum Beispiel", begann er wichtig, „Marilyn Tanner. Oder Tina Tanner. Nein, das ist nicht gut. Alfa Tanner. Nein. Sigourney Tanner! Das ist schon besser ... deutlich besser."

Kate sauste hoch.

„ALF! Du schon wieder!"

„Wär' dir ein Einbrecher lieber?" fragte ALF harmlos.

„In diesem Moment ja."

„Okay: Geld oder Leben!" Diese Stimme hätte selbst den abgebrühtesten Räuber in Angst und Schrecken versetzt. Aber nicht Kate. Was sie viel mehr beschäftigte, war ALFs Äußeres.

„Was machst du denn in Willies Morgenrock?"

„Ich habe beschlossen, daß ich selbst Präsident werde. Das hier wäre doch die angemessene Kleidung für ein Kammergespräch." Wie auf einem Laufsteg stolzierte ALF am Bett entlang und führte mit gekonntem Augenaufschlag sein Modell vor.

„Gut, ALF." Kates Stimme hatte überraschend sanft geklungen. Jetzt wurde sie messerscharf und bedrohlich. „Aber laß uns morgen darüber reden! Hau jetzt ab!" Kate warf ihr Kissen nach dem Präsidenten in spe.

Und der trollte sich.

Doch kurz darauf war er schon wieder da. Zumindest in Kates Traum. Und nun tatsächlich als neugewählter Präsident.

„Katilein", empfing er seine ehemalige Rivalin im Weißen Haus. „Lange nicht gesehen. Sie verübeln mir doch nicht, daß ich Sie geschlagen habe mit 100 Millionen Stimmen zu einer Stimme? Ihrer eigenen Stimme, wie ich weiß."

„Sie haben den Sieg verdient, mein Präsident", schmeichelte Katilein süß-sauer. „Warum haben Sie mich herbestellt?"

Präsident ALF bot ihr einen Stuhl vor seinem immensen Schreibtisch an. „Etwas Popcorn gefällig?" Er schob sich eine Ladung in den Mund, lehnte sich in seinem Ledersessel zurück und schlug gelassen die Beine übereinander. „Ich möchte Sie in mein Kabinett aufnehmen."

„Mich?" Kate war verblüfft. „Ihre Gegnerin? Und wie sollen die Probleme unserer Nation angegangen werden, wo wir als rivalisierende Politiker doch nie einer Meinung sind? So einfach lassen die sich schließlich nicht lösen."

„Aber doch, claro, null Problemo", meinte ALF lässig und rülpste laut. „Schau doch mal raus."

Kate traute ihren Augen nicht. „Die Menschen tanzen auf den Straßen!"

„Und singen Freudenlieder", ergänzte Präsident ALF sichtlich stolz. „Tja, der alte ALF hat es wohl wieder mal geschafft, was?"

„Ich bin beeindruckt", murmelte Kate. „Ich glaube, du bist ein echt guter Präsident."

„Oh, danke!"

Kate zuckte zusammen. Diese Stimme war direkt neben ihr gewesen. Sie riß die Augen auf: ALF stand vor ihrem Bett.

„Aber tut mir leid", hörte sie ihn weiter sagen, „ich hab' inzwischen keine Lust mehr, euer Präsident zu werden. Doch laß uns morgen darüber reden. Du solltest jetzt wirklich mal 'ne Runde schlafen." Auf Zehenspitzen schlich er aus dem Schlafzimmer und kam in dieser Nacht auch nicht wieder.

Wenn der Weihnachtsmann kommt

An einem sonnigen Nachmittag im Dezember quälte sich ein etwas seltsam beladenes Wohnmobil mit nicht weniger seltsamen Insassen eine kurvenreiche Paßstraße hoch. Das altersschwache Gefährt schnaufte und stampfte, was der Motor hergab. Auf dem Dachgepäckträger türmten sich neben Koffern und Kisten Berge von gut verschnürten Päckchen – und ein nicht mehr ganz grüner Tannenbaum.

Es war wenige Tage vor Weihnachten. Die Familie Tanner und ein außerirdisches Wesen mit rotbraunem Zottelfell waren auf dem Weg zu einer der Hütten in den Rockys, um dort das Fest des Friedens und der Liebe zu feiern.

Am frühen Morgen waren sie aufgebrochen: gut gelaunt und voller Vorfreude auf die Tage in den Bergen. Nur ALF hatte von Anfang an deutlich gezeigt, daß er auf Weihnachten in einer Hütte ohne Fernseher, Mikrowelle und Donuts null Bock hatte. Inzwischen war die Stimmung im Auto allerdings umgekippt. Man konnte sie als sehr gespannt bezeichnen. Das Autoradio und die Kassetten hatten Sendepause. Zwangsweise. Denn ALF bestritt seit einiger Zeit schon die Unterhaltung. Er sang! Wenn man dieses monotone Gesinge überhaupt als Lied bezeichnen konnte. ALF versuchte allerdings, seinen Mangel an Melodiosität durch ein Mehr an Lautstärke auszugleichen. Aber auch sein Musikprogramm war alles andere als abwechslungsreich. Es ging ausschließlich um seine Lieblingstiere. Und das hörten sich die Tanners jetzt mittlerweile schon zum drittenmal an:

„Zum zweiundachtzigsten Weihnachtsfest,
da schenkte meine Liebste mir
zweiundachtzig Katzen zum Braten
zweiundachtzig Katzen zum Grillen
zweiundachtzig Katzen zum Schmoren …“

Willie konnte ALFs Gegröle beim besten Willen nicht mehr ertragen. Inständig bat er den Außerirdischen, damit endlich aufzuhören.

ALF aber war in Erinnerungen an Weihnachten auf Melmac versunken. Und so ließ ihn Willies Gequatsche völlig kalt. Er war schließlich gerade dabei, das Festtagsmenü zusammenzustellen – natürlich a capella:

„Neunundsiebzig Katzen zum Toasten,
achtundsiebzig Katzen für ein kleines Ragout
und siebenundsiebzig Katzen für ein Gulasch dazu!"

„ALF, jetzt ist es wirklich genug. Ich kann es nicht mehr hören!" unterbrach Kate barsch die Menüfolge.

Doch ALF war erst bei der „Vorspeise" angelangt. Also tönte er munter weiter:

„Sechsundsiebzig Katzen für einen kleinen Salat,
fünfundsiebzig Katzen für den, der noch keine hat ..."

„Schluß! Ruhe! Aufhören! Bitte, bitte, ALF! Das ist nicht zu ertragen!"

Die Tanners waren sichtlich am Ende mit den Nerven. Dieses Katzenjammer-Lied ging inzwischen jedem auf den Wecker. Ohren zuhalten und Zähne zusammenbeißen – alles hatte nichts genutzt.

Der Außerirdische verstand diese Hysterie überhaupt nicht. Wenn schon einer hier einen Grund hatte, sauer zu sein – so meinte er –, dann doch wohl er. Und so maulte er auch schon kräftig drauflos:

„Nicht nur, daß wir Weihnachten in einer trostlosen Hütte verbringen müssen, in einer steinzeitlichen Hütte ohne fließend Wasser. Damit nicht genug, jetzt dürfen wir nicht mal mehr singen!"

Willie griff korrigierend ein. Er versuchte ALF deutlich zu

machen, daß er natürlich singen dürfe. Nur sollte er langsam mal die Platte wechseln und sich nicht stundenlang nur über sein allen hinlänglich bekanntes Lieblingsthema auslassen.

ALF stellte sich dumm. „Ich weiß gar nicht, Willie, was du damit meinst“, sagte er und schaute wie ein Unschuldslamm drein.

Kate konnte ihm da ein wenig Nachhilfeunterricht geben: „Die Rede ist vom Katzenrösten.“

ALFs Antwort kam prompt, und zwar in Form eines heftigen Protests: „Vom Rösten war überhaupt keine Rede, sondern vom Braten, Grillen, Schmoren ...“ An Kate und Willies gereizten Blicken erkannte er nun langsam doch, daß seine Katzenlieder nicht unbedingt der vorweihnachtlichen Stimmung der Tanners entsprachen.

Eine Weile war es bedrückend still im Auto. ALF war beleidigt – oder tat wenigstens so –, die anderen waren heilfroh über die endlich eingekehrte Ruhe. Die Luft war zum Schneiden dick. Brian versuchte es mit einem Themawechsel. Was bot sich da Besseres an, als über das Wetter zu reden.

„Ob wir wohl Schnee bekommen?“ wollte er wissen.

Damit landete er einen durchschlagenden Erfolg. In den nächsten Minuten redeten alle aufgeregt durcheinander. Thema: Weihnachten und Schnee! Jeder hoffte auf eine weiße Pracht in den Bergen. Denn so eine Hüttenweihnacht würde schließlich durch Schnee noch viel romantischer werden.

Besonders Willie schwelgte in Gedanken an früher, als er öfter in dieser Hütte gewesen war. Und jedesmal hatte es an Weihnachten geschneit.

„Tolle Aussichten!“ maulte ALF, der seinen Mund nicht halten konnte. „Kein fließendes Wasser, keine Katzenlieder und vielleicht nicht mal Schnee. Ich frage mich, warum ich überhaupt mitgefahren bin.“

„Wir hätten ihn lieber oben aufs Dach schnallen sollen“, überlegte Willie laut. Ihm ging ALFs Stänkern langsam wirklich auf die Nerven.

Wenig später bog das Auto in eine kleine holprige Nebenstraße ab. Nach ein paar hundert Metern hielt Willie an. Etwas oberhalb vom Weg war eine alte Holzhütte zu sehen.

Willie holte tief Luft. „Wir sind da! Endlich!“ Es klang, als wäre ihm ein wahrer Felsbrocken der Erleichterung vom Herzen gefallen.

„Warum halten wir hier an?“ tönte es da mit leicht vorwurfsvollem Unterton aus dem Wagenfond.

„Weil wir da sind. Hier in dieser himmlischen Einsamkeit werden wir Weihnachten feiern!“

Willie breitete vor Begeisterung die Arme aus und zeigte dann auf das Holzhaus.

ALF war entsetzt. Das hatte er nicht mal in seinen kühnsten Träumen erwartet. In so einem Ding sollten sie Weihnachten feiern? Unglaublich, diese Familie! Und zu Hause stand allen ein äußerst komfortables Haus zur Verfügung …

„Warum habt ihr nicht einfach ’ne Krippe gekauft?“ schimpfte er. „Das wäre auch nicht schlechter.“

Willie hatte keine Lust mehr, mit ALF zu streiten. Weihnachten sollte Friede herrschen. Deshalb schlug er jetzt versöhnlichere Töne an. „Nun schau es dir doch erst mal an, ALF. Es wird dir bestimmt gefallen!“ Er machte eine einladende Geste.

Aber ALF wollte nicht. „Schau für mich mit“, grölte er. „Ich suche mir inzwischen im Freien ein Plumpsklo …“

Willie ließ sich so schnell nicht die Laune verderben. Im Gegenteil. Vor Freude über das Holzhaus sprang er wie ein kleiner Junge in die Luft, stürmte dann die Treppen hoch und riß erwartungsvoll die Eingangstür auf. Lynn, Kate und Brian folgten ihm auf dem Fuß.

Die Hütte war einfach eingerichtet mit Holzmöbeln und ein paar alten Sesseln, denen man ihr Alter schon von weitem ansah. Die Luft hing feucht-muffig in diesem lange nicht bewohnten Haus, überall lag Staub. Trotzdem strahlte das Heim so etwas wie Gemütlichkeit aus.

Willie ließ sich in einen der großen Ohrensessel plumpsen. Minutenlang kämpfte er mit einer Staubwolke und einem Hustenanfall. Doch nichts – außer ALF natürlich – konnte Willies gute Laune vermiesen. Und so schwelgte er voll sentimentaler Erinnerungen an seine Kindheit vor sich hin. „Na, wie findet ihr es?" Erwartungsvoll sah er seine Familie an.

Um etwas Zeit zu gewinnen, zupfte Lynn umständlich an ihren Handschuhen rum. „ Nun", sagte sie zögernd, „zumindest ist es rustikal!" Ihr Atem hinterließ einen weißen Hauch in der kalten Luft. „Und kalt", ergänzte sie.

Bei Brian hatte Willie da schon mehr Glück. Der Junge war seit kurzer Zeit bei den Pfadfindern und steckte ohnehin gerade in einer Abenteuer-Phase. Er konnte dem Haus deshalb leicht etwas Spannendes abgewinnen. „Mir gefällt's gut!" antwortete er deshalb auch auf Willies Frage wie aus der Pistole geschossen.

Dankbar nahm Willie seinen Sohn in den Arm. Wenigstens einer war auf seiner Seite. „Weißt du, Brian, als ich in deinem Alter war, war ich hier zu Weihnachten mit meinen Eltern und allen Geschwistern. Und ich glaube nicht, daß sich seitdem hier irgend etwas verändert hat. Mr. Foley hat alles so gelassen, wie es mal war." Willie sprang begeistert aus dem Sessel auf. Hustend und keuchend kämpfte er tapfer gegen ein Heer von Staubpartikeln an.

„Ja, das glaube ich auch", gab Kate ein erstes Resümee ihres gerade beendeten Rundganges. „Die Küche könnte er allerdings ruhig mal modernisieren. Aber für die paar Tage werden wir wohl mit dem Kanonenofen und der Wasserpumpe klarkommen." Kate hatte das Haus ebenfalls auf den ersten Blick liebgewonnen und würde es schnell für sich und die Familie gemütlich einrichten.

Willie freute sich über die Zustimmung und schwelgte weiterhin in Kindheitserinnerungen. Er zeigte Brian den Kamin und erklärte ihm, daß sie an Weihnachten früher dort immer die Strümpfe aufgehängt hätten, die der Weihnachtsmann dann mit Süßigkeiten gefüllt hätte. „Und hier am Fenster stand unser Christbaum."

Mit glänzenden Augen und belegter Stimme erzählte er dann weiter: „Und an Heiligabend gab es heißen Apfelwein mit Zimt und Nelken, und wir haben Weihnachtslieder gesungen bis in die frühen Morgenstunden. Laß uns doch wieder ein so schönes Weihnachtsfest feiern ..." Ganz spontan nahm Willie Kate in den Arm und fuhr fort: „... so ein richtiges Fest voller Wärme und Liebe und Freude ..."

Bei seinen Überlegungen schien Willie aber einen vergessen zu haben. Denn plötzlich tönte es von draußen: „Hilfe, Hilfe! Ich stecke im Plumpsklo fest!"

ALFs Geschrei hatte Willie sofort wieder auf den Boden der Tatsachen zurückgeholt. Er beschloß, das beste aus der Situation zu machen. Das heißt, er würde zunächst den Außerirdischen befreien, dann das Auto aus- und das Haus einräumen.

ALF hatte den Toiletten-Schock ohne große Probleme überstanden. Wenig später begutachtete er bereits anerkennend alle Koffer, Taschen und Pakete, die Willie gerade im Begriff war, aus dem Auto zu laden. Unglaublich, was alles in so ein Gefährt paßte! Doch anstatt dem schwer schuftenden Willie zu helfen, stand ALF nur rum, so, als warte er noch auf etwas. Und richtig, als ein riesiger Karton mit der Aufschrift „ALF" aus der Tiefe des Kofferraums auftauchte, rief der Melmac aufgeregt aus: „Hey, hey, Willie, sei ganz vorsichtig, bitte. In diesem Karton ist die kostbarste Fracht!"

„Muß wohl sein", stöhnte Willie, „wenn die Fracht so kostbar wie schwer ist! Was ist denn da drin?"

„Unser Farbfernseher. Du hast doch gesagt, hier oben gäbe es keinen!" sagte ALF und versuchte, eine gewisse Ähnlichkeit mit einem Unschuldslamm herzustellen.

Vater Tanner stellte vorsichtig den Karton auf die Erde, holte tief Luft und erklärte mit betont ruhiger Stimme: „Es gibt hier keinen Fernseher, weil es in dieser einsamen Gegend keinen Strom gibt. Und ein Fernseher läßt sich nun mal nicht ohne Strom betreiben.“

Jetzt war ALFs Laune endgültig im Eimer. Mit dieser Hiobsbotschaft hatte ihm Willie die Vorfreude auf das Weihnachtsfest ganz und gar verdorben. Alle seine Lieblingssendungen, die Perry-Como-Show, die Sesamstraße, Dinner for one und Miami Vice – nichts würde er zu sehen bekommen. Für ALF war diese Nachricht fast so katastrophal wie sein Absturz auf die Tannersche Garage.

Willie hatte in der Zwischenzeit bereits ein zweites Kistenmonstrum aus dem Auto gehievt. Vorsorglich hatte ALF auch das Mikrowellengerät eingepackt, jetzt ein Thema, das er allerdings seit der neuesten Energiedebatte hier in den Bergen für überholt hielt. Auch Willie hatte keine Lust mehr zu weiteren Diskussionen. Wortlos trug er Koffer und Taschen ins Haus. ALF stand noch vor der Hütte rum und beschloß dann, sich erst einmal die Gegend genauer anzusehen.

In der Zwischenzeit hatte die Familie damit angefangen, die Hütte wohnlicher und gemütlicher zu machen. Kate versuchte ihr Glück in der alten Küche. Sie wollte Tee kochen, mußte sich aber zuvor mit der antiken Wasserpumpe anfreunden. Es war hinterher nicht mehr genau festzustellen, wer mehr Wasser abbekommen hatte: Kate, der Fußboden oder vielleicht doch die Teekanne. Brian hingegen staubte die Tische und Schränke ab, das heißt, eigentlich verteilte er den Staub nur neu. Unbeirrt davon stellte Lynn währenddessen bereits die Teetassen auf den Tisch. Natürlich nachdem sie die Spinngewebe daraus entfernt hatte.

Willie saß vor dem Kamin und machte Kleinholz. Noch immer schwelgte er in seinen Erinnerungen an vergangene Weihnachtszeiten: „Es war eine schlimme Geschichte damals. Mein Vater hatte seine Arbeit verloren, und dann verloren wir das Haus ...“

„Wie kann man denn ein Haus verlieren?“ wollte Brian wissen.

Da mußte Willie lachen. „Nein, nein, nein. ‚Verlieren' ist wohl nicht das richtige Wort. Das Haus war, ehm, ich meine, wir konnten die Zahlungen einfach nicht mehr aufbringen. Und dann mußten wir eben raus. Das war mitten im Dezember. Wir saßen buchstäblich draußen auf der Straße."

Brian starrte seinen Vater ungläubig an. Für ihn war Willies Geschichte wohl eher ein amerikanisches Weihnachtsmärchen. Und Willie erzählte weiter, wie Mr. Foley von ihrem Unglück gehört hatte.

„Er sagte, daß er diese Hütte in den Bergen hätte, und wenn wir wollten, könnten wir darin so lange bleiben, wie es uns gefiele. Wißt ihr ..." Willie schaute in die Runde seiner Lieben. „... an diesem Weihnachten, da hatten wir gar nichts, wirklich absolut nichts. Keine Geschenke, kein Spielzeug, gar nichts." Willies Augen hatten einen feuchten Schimmer. Er mußte sich schneuzen. „Aber ich glaube, es war das schönste Weihnachtsfest, an das ich mich erinnern kann."

Inzwischen hatte er es auch geschafft, den Kamin anzuzünden. Das Feuer strahlte eine gemütliche Wärme aus. Auch der Tee war fertig, und alle genossen die Behaglichkeit.

Lynn knüpfte noch mal an die Erzählung ihres Vaters an. „Wo war denn dieser Mr. Foley, als ihr hier draußen gewohnt habt?"

„Na, in seinem Haus in der Stadt!" entgegnete Willie.

„Kein Wunder, da hatte er bestimmt eine Toilette im Haus und mußte nicht bei so einer Kälte nach draußen!" Lynn schüttelte sich bei dem Gedanken an die Widrigkeiten, die einem verwöhnten Teenager in einer solchen ländlichen Umgebung zu schaffen machen konnten.

„Wie sind wir überhaupt an diese Hütte hier gekommen?" fragte sie neugierig. „Schließlich haben wir ja im Moment noch nicht unser Haus verloren, oder?"

Kate machte ein ganz ernstes Gesicht. „Eigentlich ist das hier ein trauriger Anlaß. Im November bekamen wir einen Brief von Mr. Foley. Er schrieb, seine Frau Margaret sei krank und könne nicht in die Berge fahren. Wir dürften deshalb die Hütte benutzen."

Lynn stichelte weiter: „Da seid ihr bestimmt sofort drauf angesprungen, oder?" Sie hatte sich noch immer nicht ganz mit dem Plumpsklo hinterm Haus anfreunden können.

Willie war enttäuscht über seine Große. Wieso konnte er seine Begeisterung über das alles hier nicht auf Lynn übertragen?

„Wir finden hier kein Verständnis!" beklagte er sich bei seiner Frau.

„Damit muß man leben!" stellte Kate lakonisch fest. Sie fand Lynns Verhalten nicht weiter tragisch.

Erst jetzt merkte Lynn, daß sie ihren Vater mit ihrer ewigen Mäkelei richtig getroffen hatte. Sofort tat es ihr leid. Sie nahm ihn in den Arm und entschuldigte sich:

„Wirklich, Daddy, ich glaube, wir werden hier eine schöne Zeit verleben. Ich freue mich darauf. Das ist mal etwas anderes als Weihnachten in der Stadt."

Während es sich die Tanners inzwischen in ihrer Hütte gemütlich eingerichtet hatten, war ihnen gar nicht zu Bewußtsein gekommen, daß ihr nerviges außerirdisches Familienmitglied die ganze Zeit über abwesend gewesen war. Erst jetzt schaute sich Willie suchend nach ALF um. Doch da kam der verlorene Sohn auch schon zur Tür hereingeschneit. Offensichtlich war es ihm draußen zu kalt geworden, und offensichtlich hatte er sich mit der Idee, Weihnachten in diesem einfachen Holzhaus zu feiern, angefreundet. Er gab schon wieder ein Lied zum besten. Dieses Mal aber nicht von Katzen, sondern von amerikanischen Weihnachtsbräuchen: „Schmückt das Haus mit Mistelzweigen, lalalalala lala lala!"

In der rechten Hand schwenkte er einen grünen Zweig, der eine entfernte Ähnlichkeit mit einem Mistelzweig aufwies.

„Komm, das mußt du jetzt aufhängen!" forderte er Willie auf und reichte ihm das Grünzeug.

„Wie kommst du denn da dran?" Willie war überrascht und

gerührt zugleich. Schon wieder wurde er an seine Kindheit erinnert!

„Das wächst da draußen!" sagte ALF, der – und das fiel den Tanners erst jetzt auf – sich umgezogen haben mußte. Zumindest hatte er bei ihrer Ankunft hier den blauen Skipullover mit den Rentieren vorne drauf noch nicht angehabt.

Während Willie einen passenden Platz für das seltsame Mistel-Gewächs suchte, bewunderten Lynn und Kate ALFs neues modisches Outfit.

„Das ist der neue Perry-Como-Look!" klärte ALF beide auf und schlug sich stolz auf die Brust, wo die Rentiere abgebildet waren. „Perry Como in Lappland! Ha! Ha! Ha! Ha!"

Kate kriegte ihren mißtrauischen Blick und sah sich jetzt den Pullover genauer an.

„Das ist seltsam", murmelte sie. „Der sieht so ähnlich aus wie ... nein, das ist doch mein Weihnachtsgeschenk für Willie! ALF, was fällt dir ein?"

Wieder mal stand ALF im Mittelpunkt des Interesses. Eine Situation, die er ansonsten durchaus zu schätzen wußte. Im Moment aber spitzte sich die Lage für ihn bedrohlich zu.

„Zieh den Pullover sofort wieder aus!" herrschte Willie ihn an.

„Was hast du damit nur wieder angerichtet. Dir fällt aber auch immer nur dummes Zeug ein!" Auch bei Kate schwand langsam, aber sicher sämtliche romantische Weihnachtsstimmung.

ALF versuchte, sich zu rechtfertigen: „Der Pullover hat so verloren neben Kates neuem Morgenmantel gelegen. Deshalb habe ich ihn herausgenommen und probeweise mal angezogen."

Überrascht schaute Kate Willie an. „Schatz, du hast für mich einen neuen Morgenmantel?" fragte sie.

„Wie es scheint." Willie zuckte mißmutig die Schultern und warf ALF einen wütenden Blick zu.

„Was soll das denn schon wieder heißen?" ereiferte sich der

Melmac. „Was heißt denn hier ‚wie es scheint'? Natürlich hat er einen neuen Morgenmantel für Kate. Er liegt doch in der Schachtel neben dem Karton mit Brians Fahrradteilen." ALF redete sich immer mehr ins Verderben.

Brian aber sprang überrascht auf und stürzte sich freudestrahlend auf seinen Vater: „Daddy, kriege ich ein neues Fahrrad zu Weihnachten? O Mannomann! Darf ich es jetzt schon auspacken?"

Das aber ging Willie doch entschieden zu weit. „Nein, nein, mein Sohn! Bis zur Bescherung wirst du wohl noch warten können, oder?"

Schmollend zog sich Brian an den Kamin zurück. Jetzt war es Zeit, daß Willie sich den außerirdischen Missetäter vorknöpfte: „ALF, das sind Weihnachtsgeschenke! Und wie der Name sagt, werden sie erst zu Weihnachten geöffnet, wenn die Bescherung stattfindet. Außerdem sollten sie eine Überraschung sein. Die hast du jetzt kaputtgemacht. Und die Geschenke sind nicht von dir, wenn ich mich nicht irre!"

„Da irrst du dich aber gewaltig", brauste ALF auf. „Vielleicht schaust du dir mal die Geschenkanhänger an?!"

Lynn ging zum Gabentisch rüber und nahm die Geschenkanhänger, die dort rumlagen, näher unter die Lupe.

„Für Willie von ALF ! Für Kate von ALF ! Für Lynn von ALF ! Von ALF für ALF! Für Brian von ALF!" las sie laut.

Überrascht schauten sie alle an. „ALF, hast du etwa die Schildchen ausgetauscht?" fragte Lynn. Ihre Stimme hatte einen drohenden Unterton.

Doch statt einer Antwort nahm ALF sofort wieder die Verteidigungsposition ein. „Wann habe ich schließlich Zeit zum Einkaufen?"

Da hatte er recht. Wie sollte er auch? Schirmte ihn doch die Familie von der Außenwelt regelrecht ab. So, als hätte er die Melmac-Pest! Aber dieses Mal wollte er sich von den Tanners nicht den Schwarzen Peter zuschieben lassen.

„Oh, Entschuldigung. Ich vergaß. Er ist natürlich der große

Spender.“ Willies Ironie kannte kein Erbarmen. „Erst steckt er seinen Namen an Brians Fahrrad, und dann erzählt er ihm auch noch, was in der Kiste drin ist.“

„Ich habe ihm aber nicht gesagt, daß das Fahrrad rot ist!“ protestierte ALF. „Was wahr ist, muß schließlich wahr bleiben.“

„Ein rotes Fahrrad?“ fragte Brian. Sein Interesse war sofort wieder erwacht.

ALF legte noch einen drauf. Seine Trickkiste schien unerschöpflich. „Ich dachte“, sagte er, grinste und zwinkerte Willie zu, „ich locke Brian damit auf eine falsche Fährte!“

Willie aber hatte überhaupt keinen Funken Verständnis für diese Art Späße. „Erzähl doch keinen Quatsch! Natürlich kriegt mein Sohn ein rotes Fahrrad – von Kate und mir wohlgemerkt.“

ALF aber war nicht mehr zu stoppen. „Dann sag doch gleich die Wahrheit. Das mit dem Fahrrad stimmt nämlich nur halb. Du weißt doch genau, daß er nur einen Fahrradbausatz bekommt.“

Willie raufte sich verzweifelt die Haare. Er mußte schließlich zugeben, daß das Fahrrad noch zusammengeschraubt werden mußte. „Das ist aber nur eine kleine Montage“, betonte er.

ALFs höhnisches Lachen machte die Situation nur noch schlimmer. „Kleine Montage nennst du das? Hast du dir vielleicht mal die Bauanleitung durchgelesen?“

Willie wollte nun endlich seine Ruhe. „Alles, was ich brauche“, entgegnete er wütend, „sind eine Zange und ein Schraubenzieher ...“

„... und jemanden, der wenigstens ungefähr weiß, wie so etwas gemacht wird.“ ALF nickte triumphierend. Was für ein Sieg! Er hatte mal wieder das letzte Wort behalten.

Willie beachtete den Außerirdischen nicht weiter. Es wurde Zeit, den Mistelzweig aufzuhängen und damit dieser vorweggenommenen „Bescherung“ ein Ende zu setzen.

Brian hatte sich den Zweig inzwischen mal genauer angesehen, und er meldete erhebliche Zweifel an der Echtheit des Mistelgewächses an. Der ohnehin verunsicherte Willie war ratlos. „Was, um Himmels willen, ist es denn dann“, fragte er verzweifelt.

„Ich glaube, das ist Gifteiche!“ sagte Pfadfinder Brian im Brustton der Überzeugung und machte deutlich, daß hier der Fachmann gesprochen hatte.

Willie und ALF zuckten zusammen. Betroffen schauten sie sich ihre Hände an.

„Kate“, stammelte Willie, „ist das Gifteiche?“

Kate war auch ratlos. Mit solchem Grünzeug kannte sie sich nicht aus. Es sei aber sicherlich besser, schlug sie vor, auf Brian zu hören. Schließlich sei der ja Pfadfinder.

„Bist du dir sicher? Kennst du dich wirklich aus? Wie sieht denn die Gifteiche aus?“ fragte Willie noch mal bei Brian nach.

Brian beschrieb die Blätter der Gifteiche, die genau aussähen wie die, die Willie in der Hand hielt.

„Zumindest ist es die typische Blattform der Gifteiche“, erklärte er seinem Vater.

Willie warf die Blätter in hohem Bogen direkt vor den Kamin und hechtete in die Küche. „Kate, fang an zu pumpen, schnell!“ schrie er hysterisch und hielt die Hände unter die vorsintflutliche Pumpe.

Es dauerte ein Weilchen, bis genug Wasser kam – Zeit genug, jedenfalls für ALF, schnell noch eine Bemerkung loszuwerden: „Fließend Wasser wäre jetzt wirklich praktischer. Hab' ich recht, mein liebes Willielein?“

Jetzt war es mit Willies Weihnachtsstimmung endgültig vorbei. Mit hochrotem Kopf brüllte er ALF an: „Du hast doch überhaupt keine Ahnung, was sich hier abspielt. Keine Ahnung, was für uns Weihnachten bedeutet. Du glaubst, es reicht, wenn du die Geschenke von anderen Leuten aufmachst und allen auf die Nerven fällst.“

Willie schnappte aufgeregt nach Luft. Kates Versuche, ihn zu beruhigen, nützten nichts. Er war noch nicht fertig mit seiner Schimpfkanonade. „Es ist allerhöchste Zeit, daß dieses Wesen endlich einmal lernt, auch auf andere Rücksicht zu nehmen. Ansonsten nimm dein klappriges Raumschiff und verdrück dich auf Nimmerwiedersehen hinter irgendeinen Asteroidengürtel. Also los, nimm jetzt deine verdammte Giftpflanze und verschwinde damit. Los, raus jetzt in den Wald!"

Obwohl ALF ziemlich hart im Nehmen und dieses beileibe nicht die erste Standpauke war, die er über sich hatte ergehen lassen müssen, war er jetzt doch tief betroffen. Enttäuscht und beschämt ließ er seinen Kopf sinken. Er wankte auf den Kamin zu, hob langsam den Zweig auf und schlich zur Tür. Diese Vorwürfe nahm er sich wirklich zu Herzen. Mit einem letzten traurigen Blick zurück öffnete er die Tür. Doch heute konnte er damit kein Mitleid ernten. Niemand hielt ihn zurück. Nicht mal Lynn und Brian ...

Nur einen Abschiedsgruß von Willie kriegte er noch hinterhergeschickt: „Und du brauchst gar nicht so schnell zurückzukommen. Laß dir nur Zeit!"

ALF hatte leise die Tür hinter sich geschlossen. Erschrokken schaute Kate ihren Mann an. Dieses Mal war Willie ihrer Meinung nach wirklich übers Ziel hinausgeschossen. Keiner sagte ein Wort. Betreten schauten sich alle an. Jeder versuchte sich mit irgend etwas zu beschäftigen. Willie kümmerte sich mal wieder um das Kaminfeuer. Kate räumte den Tisch ab. Und Lynn und Brian verkrochen sich in den alten Ohrensessel und starrten traurig vor sich hin ...

In diesem Moment hörte man draußen ein Auto vorfahren. Es war Mr. Foley mit einem großen Lieferwagen, den er gleich neben dem Auto der Tanners vor der Hütte abstellte. Obwohl das Auto sicherlich schon aus den fünfziger Jahren stammte, machte es einen gepflegt-eleganten Eindruck. Es paßte genau zu seinem Besitzer. Mr. Foley war ein alter Mann um die Siebzig. Mit Trenchcoat, Wollschal, Schlägermütze und dünner Goldbrille wirkte er wie ein englischer Gentleman.

Mr. Foley war ausgestiegen. Langsam näherte er sich der Hütte. Jeder Schritt schien ihm Schwierigkeiten zu bereiten.

Kate und Willie, die inzwischen neugierig auf die Veranda getreten waren, um nachzusehen, wer da jetzt noch vorgefahren war, begrüßten Mr. Foley überschwenglich. Und nachdem Willie Mr. Foley den Kindern vorgestellt hatte, lud Kate ihn ein, zum Abendessen zu bleiben. Die Familie würde sich über seine Gesellschaft riesig freuen, betonte sie.

Mr. Foley aber lehnte dankend ab. „Ich war gerade auf dem Weg ins Krankenhaus, um den Kindern dort zu Weihnachten eine Ladung Spielzeug zu bringen. Und als ich hier vorbeikam, sagte ich zu mir: ‚George, frag doch mal nach, ob die Tanners vielleicht etwas aus der Stadt brauchen.‘ “

Von keinem bemerkt, öffnete sich leise die Hintertür des Holzhauses. ALF steckte neugierig seinen Rüssel rein und hörte gerade noch von der Ladung Spielzeug. Seine Ohren wackelten aufgeregt hin und her. Leise murmelte er vor sich hin: „Eine Ladung Spielzeug, so, so …“ Vorsichtig zog er dann die Tür wieder zu und verschwand nach draußen. So konnte er nicht mehr hören, was Willie gerade seinen Kindern erklärte: „Es ist so, jedes Jahr repariert Mr. Foley Spielzeug, das andere Kinder weggeworfen haben. Und am Weihnachtsabend bringt er es in die Stadt in das Kinderkrankenhaus und verteilt es dort.“

Mr. Foley sah Brians erstaunten Blick und unterbrach Willie: „O nein, nicht ich, Willie. Ich bringe die Sachen nur dem Weihnachtsmann. Und der bringt sie dann zu den Kindern ins Kinderkrankenhaus.“

Inzwischen nahm ALF Mr. Foleys Auto näher unter die Lupe. Mit etwas Anstrengung gelang es ihm, die hinteren Türen zu öffnen. „Whow!“ entfuhr es ihm, als er den Berg mit Spielzeug sah: Puppen, Kuscheltiere, Dreiräder, Plastikautos,

Sportgeräte – alles, was das Herz von Kindern und Außerirdischen begehrte. Und alles umsonst, zur freien Bedienung. Sogar ein Schlitten war dabei, auf dem die ganzen Geschenke transportiert werden konnten.

ALF kletterte ins Innere des Lieferwagens und sah sich mit Interesse all die wunderschönen Dinge mal aus der Nähe an. Es dauerte nicht allzu lange, und es herrschte ein Chaos melmacschen Ausmaßes im Laderaum.

In der Hütte wurde ALF zunächst nicht vermißt. So hatte auch niemand mitbekommen, daß er sich an Mr. Foleys Auto zu schaffen gemacht hatte.

Kate erkundigte sich unterdessen nach Mrs. Foley. Sie wollte wissen, ob es ihr bessergehe. Mr. Foley jedoch überhörte die Frage, er tat so, als ob er sie gar nicht verstanden habe. „Also gut", verabschiedete er sich schließlich, „ich will den Weihnachtsmann nicht länger warten lassen. Ich wünsche Ihnen allen ein frohes Fest."

Langsam, ja fast bedächtig, Schritt vor Schritt setzend, stieg Mr. Foley die Stufen zu seinem Auto hinunter.

Kate und Willie sahen sich ratlos an. Sie spürten deutlich, daß etwas nicht stimmte. Draußen sprachen sie Mr. Foley noch einmal an: „Einen Augenblick, Mr. Foley, können wir irgend etwas für Sie tun?"

Da zog der alte Mann einen Umschlag aus der Innentasche seines Mantels, reichte ihn Willie und entschuldigte sich, daß er fast vergessen hätte, sein Weihnachtsgeschenk für die Tanners dazulassen. „Aber nicht vergessen: Es wird nicht vor der Bescherung aufgemacht, okay?"

ALF hatte in der Zwischenzeit ein giftgrünes Skateboard entdeckt, und gleich fiel ihm eine passende Verwendungsmöglichkeit dafür ein. „Eine rollende Katzen-Servier-Platte. Genau richtig für Lucky. Die schenke ich Kate!" Im selben Moment hörte er, wie jemand von hinten die Autotüren zuschlug. Er war gefangen!

Mr. Foley stieg gerade vorne ins Führerhaus, kurbelte das Fenster runter und wandte sich noch einmal den Tanners zu: „Margaret ist vor zwei Wochen von uns gegangen. Ich hatte nicht die Zeit, allen zu schreiben!“ Dann ließ er den Wagen an und fuhr los.

Zurück blieben die völlig verwirrten Tanners. „Ach, Mr. Foley, herzliches Beileid!“ rief Kate ihm noch hinterher. Doch das konnte dieser schon nicht mehr hören. Wie um sich gegenseitig zu trösten, umarmten Kate und Willie sich und gingen dann traurig in die Hütte zurück.

ALF aber saß in der Patsche. Wie sollte er nur unbemerkt aus dieser Kiste wieder herauskommen? Er sah keine Chance. Auch nicht, als Mr. Foley unterwegs hielt und sich als Weihnachtsmann verkleidete. Mit seinem prächtigen roten Mantel und einem weißen Bart sah er beeindruckend echt aus. Selbst der kritische ALF mußte das zugeben.

Wenig später stoppte Mr. Foleys roter Lieferwagen vor dem Kinderkrankenhaus St. Michael. Es war inzwischen dunkel geworden. Einige Kinder stürmten auf den Wagen zu. Sie kannten den Weihnachtsmann schon vom letzten Jahr und halfen ihm beim Ausladen der Geschenke. Alles wurde auf den Schlitten gepackt, den Mr. Foley mitgebracht hatte. Auch ALF. Unbeweglich thronte er oben auf all dem Spielzeug und wagte kaum zu atmen.

Immer mehr Kinder kamen nun neugierig aus ihren Zimmern. Manche auf Krücken, andere saßen im Rollstuhl.

Mr. Foley wirkte in seinem Kostüm als Weihnachtsmann ganz verändert. Seine bisherige Schwermut schien wie weggeblasen.

„Hohoho! Fröhliche Weihnachten für euch alle!“ rief er lachend und forderte dann die Kinder auf: „Kommt alle raus! Kommt mit mir!“

Ein ganzer Schwarm von kleinen und großen Kindern folgte dem Weihnachtsmann und seinem Schlitten.

„Ja, so ist es schön. Und jetzt singen wir alle ein Weihnachtslied.“ Der Weihnachtsmann stimmte an, und alle Kinder sangen mit:

„Wir wollen singen, wir wollen lachen,
wir wollen allen Freude machen,
denn heute kommt der Weihnachtsmann zu uns.“

Mr. Foley war begeistert: „Das war prima. Los, gleich noch einmal“, forderte er die Kinder auf. Und wieder sangen alle mit. Der Weihnachtsmann zog noch eine große Schleife durch die Halle und parkte dann seinen Schlitten unter dem großen Weihnachtsbaum.

Das Verteilen der Geschenke konnte beginnen. Ein Spielzeug nach dem anderen wanderte in die Hände der kleinen Patienten, die mit großen glänzenden Augen den Weihnachtsmann anschauten. Jedes Kind durfte sich etwas aussuchen.

ALF saß wie angewurzelt auf dem Karren und rührte sich nicht. Der Weihnachtsmann kümmerte sich gerade um Katie, ein schüchternes blondgelocktes Mädchen von fünf Jahren. Die Kleine traute sich nicht mal an den Wagen ran. Da drückte ihr Mr. Foley eine Puppe in den Arm und sagte: „Schau mal, was ich hier für dich habe. Die ist so lieb wie du und so hübsch wie du. Ich wünsche dir fröhliche Weihnachten, Katielein.“

Henry, der Achtjährige im roten Bademantel, der sich nur im Rollstuhl fortbewegen konnte, war da schon viel selbstbewußter. „Ich hatte einen Baseballhandschuh bestellt“, sagte er.

Und auch hier konnte der Weihnachtsmann helfen. „Ich habe ihn extra für dich zur Seite gelegt. Hoffentlich paßt er dir.“ Überglücklich fuhr Henry zu den anderen Kindern zurück, die sich unter dem Weihnachtsbaum gegenseitig ihre Geschenke vorführten. Nur noch zwei kleine Patienten warteten am Schlitten, der schon fast leer war.

„Und wer bist du, mein Junge?“ fragte Mr. Foley einen kleinen dunkelhaarigen Jungen.

„James!" sagte dieser leise seinen Namen.

„Also, James, ich habe noch einen Baseballschläger und diesen komischen Kerl." Mr. Foley zeigte auf ALF, der vor Schreck beinahe in Ohnmacht fiel. Jetzt entschied sich sein weiteres Schicksal. Da war er sich ganz sicher.

„Was ist das?" erkundigte sich James.

Mr. Foley zuckte ratlos dic Schultern, und – Gott sei Dank – James entschied sich für den Baseballschläger! Daraufhin schaute sich der Weihnachtsmann das haarige Geschöpf auf seinem Schlitten erstmals etwas genauer an. Er schüttelte den Kopf. „Ich erinnere mich gar nicht, dich hier reingebracht zu haben", murmelte er leise vor sich hin. „Seltsam, wie du aussiehst. Wirklich keine Schönheit mit deinen häßlichen großen Ohren und den großen komischen Augen …"

ALF konnte sich nur mühsam zurückhalten. Am liebsten hätte er diesem komischen Weihnachtskauz die rote Mütze vom Kopf gerissen. Doch da meldete sich der letzte „Kunde" bei Mr. Foley. Es war Tiffany, ein auffallend blasses, aber recht hübsches achtjähriges Mädchen mit langen blonden Haaren. „Ich finde das Stofftier aber sehr hübsch!" rief sie laut vernehmlich.

Oh, dieser Blick! Voller Dankbarkeit schaute ALF der Kleinen tief in die Augen.

„Prima, dann sollst du es auch bekommen!" beschloß Mr. Foley und hob ALF hoch. „Ganz schön schwer!" stöhnte er und trug den Außerirdischen in Tiffanys Krankenzimmer.

Hier standen zwei Betten. Mr. Foley setzte ALF auf das unbenutzte Bett und ließ sich selbst in einem Sessel an der Tür nieder. Er wollte einen Moment verschnaufen. Tiffany ging auf ihn zu und bedankte sich artig für das schöne Geschenk. „Ich hätte auch gern ein Geschenk für dich, Weihnachtsmann", sagte sie dann, und ihr Gesicht hatte einen ernsten Ausdruck angenommen.

Mr. Foley war sichtlich beeindruckt von dem kleinen Mädchen. „Oh, das ist sehr nett von dir", stotterte er ein wenig verlegen. „Aber Geschenke sind an Weihnachten gar nicht so wichtig. Wichtig ist nur, daß man von sich selbst etwas gibt. Und du hast mir ein wunderbares Geschenk gemacht, weil du so hübsch danke gesagt hast.“

Da huschte ein zaghaftes Lächeln über Tiffanys Gesicht. Sie umarmte den Weihnachtsmann und wandte sich dann an ALF: „Ich werde dich Amanda nennen!“ sagte sie und streichelte liebevoll ALFs Zottelhaare. Mr. Foley stand nun auf und verließ leise das Krankenzimmer. Hier wollte er nicht weiter stören.

Tiffany nahm ihren roten Kamm und kämmte nun ALFs Fell. Doch schon bald wurde ihr das zu langweilig. Sie fing dann eine Art „Unterhaltung“ an, ein Frage-und-Antwort-Spiel, in dem sie beide Parts übernahm.

„Ich heiße Tiffany und bin acht Jahre alt. Wie alt bist du, Amanda? Auch acht Jahre. Das ist super!“

ALF verhielt sich völlig unbeweglich – so, als wäre er zur Salzsäule erstarrt.

Er war verzweifelt. Wie sollte er je wieder aus dieser verkorksten Situation herauskommen?

Tiffany hatte schon wieder eine neue Idee. Vielleicht wollte Amanda ja lieber ihre Füße hochlegen? Das Bett ließ sich automatisch verstellen. Tiffany drückte auf einen Knopf. Kopf- und Fußteil hoben sich automatisch und bewegten sich aufeinander zu. In der Mitte saß ALF und geriet langsam in Panik. Er fürchtete, zerquetscht zu werden.

In dem Moment ging die Tür auf, und eine Krankenschwester kam herein. Tiffany drückte erneut auf den Knopf, und das Bett rastete wieder ein. ALF war gerettet. Vorerst zumindest!

Die Krankenschwester schüttelte ein Fieberthermometer und bat die kleine Patientin, schnell in ihr Bett zu gehen, damit sie ihre Temperatur messen könnte.

„Ja, aber Amanda möchte, daß du ihr vorher die Temperatur mißt.“ Tiffany zeigte auf das andere Bett, in dem ALF in ziemlich unbequemer Position zwischen Kopf- und Fußteil eingeklemmt verharrte.

„Oh, hallo, Amanda, herzlich willkommen!" sagte die Krankenschwester. „Du bist doch hoffentlich nicht ernstlich krank?! Mal sehen, ob ich noch ein zweites Thermometer bei mir habe."

Sie kramte umständlich in ihrer Schürzentasche, zog einen Stift hervor und ging hinüber zu ALFs Bett.

„So kannst du aber nicht schlafen, Amanda. Das ist doch wirklich unbequem!" stellte sie fest und ließ das Bett wieder in seine ursprüngliche Position zurückschnappen. Jetzt saß ALF wieder kerzengerade und wie angegossen da.

„Also, Amanda, es tut überhaupt nicht weh. Mach schön den Mund auf!" spielte die Krankenschwester das Spiel mit und schob dem reglos dasitzenden ALF den Stift zwischen die Zähne. „So, und jetzt messen wir Tiffanys Temperatur!"

ALF hätte den Stift am liebsten ausgespuckt. Zumal es ein Tintenkuli war, der langsam, aber sicher seine Zunge blau färbte. Doch er hielt still, bis die Krankenschwester auch ihm das „Thermometer" wieder abnahm und sich verabschiedete. „Gute Nacht, Tiffany! Gute Nacht, Amanda!"

Kaum war die Krankenschwester aus dem Zimmer, sprang Tiffany aus dem Bett, um weiter mit ALF-Amanda zu spielen. Sie schob ihm einen Teewagen mit Puppengeschirr vor die Nase und versuchte, an ihre Unterhaltung von vorhin anzuknüpfen. Deutlich merkte man, daß Tiffany lange Zeit allein gewesen war und jetzt ein großes Mitteilungsbedürfnis hatte. Und so quasselte Tiffany jetzt munter und ohne Punkt und Komma auf ALF ein.

„Amanda, komm doch rein. Ich bin so froh, daß du mich besuchst. Denn wir haben so viel miteinander zu besprechen. Möchtest du Tee und Plätzchen?" Tiffany war mit ihrem Spiel so beschäftigt, daß sie gar nicht mitbekam, daß ALF auf ihre Frage nach Tee und Plätzchen versehentlich nickte, dann aber sofort wieder erschrocken den Kopf steif hielt.

„Alle Leute hier im Krankenhaus sind wirklich sehr nett. Aber sie haben so viel zu tun, daß man nicht mit ihnen reden kann. Darf ich dir Tee nachschenken?“ Dann holte sie Plätzchen und legte sie direkt vor ALF auf den Teller. „Die Kekse sind wirklich gut. Ich habe sie selbst gebacken. Bitte bedien' dich!“

Kaum hatte sich Tiffany für kurze Zeit umgedreht, schnappte der völlig ausgehungerte ALF zu. Er erwischte ein Plätzchen und stopfte es sich gierig in den Mund. Fast verschluckte er sich noch, so schnell würgte er es hinunter.

Tiffany hatte inzwischen ein rosa Bändchen geholt, das sie ihrem Schmusetier um den Hals binden wollte. Munter plapperte sie weiter: „Wer ist denn dein Lieblingsstar im Fernsehen? Wirklich? Ja, meiner auch. Der ist ja tatsächlich super. Wir beide haben viel gemeinsam, nicht wahr?“

Auf einmal wurde Tiffany, die die ganze Zeit über ein fröhliches Gesicht gemacht hatte, wieder ganz ernst und erzählte von einem anderen Mädchen, das vorher in diesem Bett gelegen hatte. „Aber sie haben sie in ein anderes Zimmer verlegt. Ihre Mutter hatte Angst, daß sie schwermütig werden würde, wenn wir uns anfreundeten!“ erzählte sie traurig.

Plötzlich hörte Tiffany auf zu reden. Sie starrte ALF an, schaute ihm einen Moment lang tief in die Augen. Hatte sie etwas bemerkt? Dann aber setzte sie ihr Spiel wieder fort.

„Weißt du, was dir fehlt, Amanda? Ohrringe!“ Sie holte ein Paar von ihrem Nachttisch und zeigte sie ALF. „Hier habe ich meine Lieblingsohrringe. Die werden dir gut stehen. Rosa ist genau die richtige Farbe für dich.“

Jetzt war der Moment gekommen, wo ALF nicht länger schweigen konnte. „Warte mal“, brach es aus ihm heraus, „ich will ganz offen zu dir sein, mein Kind. Ich heiße ALF und nicht Amanda.“ Dann band er das rosa Schleifchen ab, das ihm Tiffany um den Hals gebunden hatte, und fuhr fort: „Hellblau ist meine Farbe und nicht Rosa. Ich bin nämlich ein Junge.“

Tiffany war erschrocken zurückgewichen und hielt sich überrascht die Hand vor den Mund. „Du kannst ja sprechen!" rief sie dann erstaunt aus.

Jetzt war ALF nicht mehr zu bremsen. Er hatte genug nachzuholen. „Ja, das ist auch gut so. Sonst hättest du mir vielleicht sogar noch einen BH angezogen, oder?" Dann starrte er hungrig auf den Teller vor sich und fragte artig: „Darf ich mir wohl noch ein Plätzchen nehmen." Ohne eine Antwort abzuwarten, stopfte er sich den nächsten Keks in den Mund.

Tiffany hatte endlich die Fassung zurückgewonnen. „Das ist ja phantastisch. Ein ausgestopftes Tier, das spricht und meine Plätzchen ißt. Das muß ich unbedingt Schwester Hilliard zeigen." Sie rannte zur Tür.

„Nein, nein! Bitte nicht. Sag es niemanden. Du darfst mich nicht verraten", rief ALF ganz aufgeregt.

.„Warum nicht?" Zögernd kam Tiffany zurück.

Jetzt mußte ALF raus mit der Sprache. Tiffany setzte sich zu ihm aufs Bett, und er erklärte ihr, daß er kein ausgestopftes Spielzeug sei.

„Ich bin echt. Und ich bin in Gefahr. Nur du kannst mir helfen, wieder nach Hause zu kommen." Mit einem herzzerreißenden Seufzer und treuem Augenaufschlag legte ALF seine riesigen behaarten Pfoten in die kleinen weißen Hände von Tiffany.

Das Mädchen aber wollte so schnell ihren Spielkameraden nicht abgeben.

„Aber der Weihnachtsmann hat dich gebracht. Du gehörst mir!" protestierte sie.

ALF sah ein, daß er seine ganze Geschichte erzählen mußte, die Geschichte von Melmac, von seinem Raumschiff, von den Tanners, der Hütte in den Bergen, von Mr. Foley und wie er in das Krankenhaus gekommen war.

Tiffany hörte andächtig zu, und ihre Augen wurden immer größer vor Erstaunen. Schweren Herzens entschloß sie sich,

ALF doch zu helfen, zu seiner Familie zurückzukommen. Und dieser Weg führte nur über Mr. Foleys Schlitten.

Tiffany nahm ALF an der Hand. Heimlich schlichen sie sich aus dem Krankenzimmer. Die Schwestern waren selbst alle auf ihrer eigenen Weihnachtsfeier, und so war es nicht schwer, unbemerkt in die Halle zu kommen. Mr. Foleys Schlitten stand noch da, und sie mußten nicht allzu lange warten, bis der Weihnachtsmann aus einem der Zimmer trat. Ein Lächeln huschte über sein Gesicht, als er Tiffany sah. Und als sie ihn bat, Amanda gegen ein anderes Spielzeug umzutauschen, tat Mr. Foley zwar erstaunt, reichte ihr aber einen weißen Teddybären, das letzte Stück, das noch auf dem Schlitten lag.

„Er gefällt mir besser als Amanda", erklärte Tiffany ihren Tauschwunsch. „Den möchte ich haben. Nächstes Jahr kannst du Amanda ja einem anderen Mädchen schenken, das nicht so wählerisch ist", sagte sie dann noch entschuldigend.

Da beugte sich der Weihnachtsmann herunter zu dem kleinen Mädchen und bot ihr an: „Du kannst sie beide haben, wenn du magst!"

Aber Tiffany schüttelte den Kopf. Mit gequältem Seitenblick auf ALF sagte sie: „Nein, er, ich meine sie, ist total langweilig. Aber trotzdem vielen Dank, Weihnachtsmann." Und ohne noch einen Blick zurückzuwerfen, rannte sie die Treppen zu ihrem Zimmer hoch.

Alle Kinder waren inzwischen in ihren Betten. Nur Mr. Foley schob ruhig und gemessenen Schrittes seinen Schlitten durch die leere Halle. Er steuerte auf eine Tür zu, hinter der sich das Zimmer des Chefarztes Dr. Willoughby verbarg. Die Tür war einen Spaltbreit offen. Der Arzt stand am Fenster und schaute gedankenverloren in die nächtliche Dunkelheit.

Mr. Foley räusperte sich leicht und fragte: „Entschuldigen Sie, Dr. Willoughby, störe ich Sie?"

„Aber nein, George, oder besser, lieber Weihnachtsmann, kommen Sie doch herein", bat Dr. Willoughby.

Mr. Foley ließ den Schlitten mit ALF daraufhin im Flur stehen und betrat das Zimmer des Doktors. Die Tür blieb leicht geöffnet, so daß ALF ohne große Mühe die ganze Unterhaltung verfolgen konnte.

„Ich dachte, ich schau' einfach mal vorbei und wünsche auch Ihnen fröhliche Weihnachten", sagte Mr. Foley. Dann zog er, wie vorher bei den Tanners, einen Umschlag hervor. „Das wollte ich Ihnen geben, für das Krankenhaus hier. Es ist nicht viel!"

Der Doktor nahm den Umschlag ohne große Zurückhaltung entgegen. In ruhigem Ton antwortete er: „Vielen Dank, George. Und natürlich auch Ihnen ein frohes Weihnachtsfest. Wir können wirklich jede Hilfe gebrauchen. Wohin soll ich Ihnen die Quittung schicken?"

Mr. Foley winkte ab und erklärte Dr. Willoughby, daß er keine Quittung benötige. „Aber bitte, Herr Doktor, Sie dürfen den Umschlag erst morgen öffnen. Darauf muß ich diesmal bestehen."

Dr. Willoughby nickte und erkundigte sich, ob der Weihnachtsmann schon alle Geschenke verteilt habe.

„Ja, ich bin alles losgeworden. Nur diesen komischen Kauz wollte keiner haben." Mr. Foley zeigte auf ALF. „Tiffany hatte ihn sich erst ausgesucht, aber dann hat sie ihn zurückgegeben. Ich habe das nicht so ganz verstanden. Aber man kann ihr wirklich nicht böse sein. Sie ist ein so reizendes kleines Mädchen."

„Ja, die kleine Tiffany. Sie wollte zu Weihnachten niemanden außer dem Weihnachtsmann sehen. Eines von den anderen kleinen Mädchen hatte ihr nämlich gesagt, es gäbe keinen Weihnachtsmann. Sie war total verunsichert und hat mich gefragt, ob das wahr ist", berichtete der Doktor.

„Und was haben Sie ihr auf diese Frage geantwortet?" wollte Mr. Foley wissen.

Da deutete der Arzt auf ein aufgeschlagenes Buch. „Ich habe ihr den berühmtesten Zeitungsleitartikel aller Zeiten vorgelesen. Er ist 1897 in der New York Sun erschienen. Sie kennen ihn sicherlich. Der Artikel ist die Antwort auf die Frage einer gewissen Virginia. Sie muß in dem Alter unserer kleinen Tiffany gewesen sein. Nun, besser als es der Redakteur damals tat, kann man die Frage, ob es einen Weihnachtsmann gibt, nicht beantworten." Dr. Willoughby reichte nun Mr. Foley, der noch immer Bart und Mantel des Weihnachtsmannes trug, das Buch und forderte ihn auf, den Artikel doch selbst zu lesen.

Zögernd griff Mr. Foley nach dem Buch, und dann las er mit tiefer, ernster Stimme laut vor:

Ja, Virginia, es gibt einen Weihnachtsmann! Es gibt ihn so gewiß, wie es Liebe gibt und Großherzigkeit und Treue, und Du weißt, sie sind in Fülle vorhanden und schenken Dir das Leben in seiner höchsten Schönheit und Freude. Wie traurig wäre die Welt, wenn es keinen Weihnachtsmann gäbe; sie wäre so traurig, wie wenn es keine Virginias gäbe. Es gäbe dann keinen kindlichen Glauben, keine Poesie, keine Romantik, die dieses Leben erträglich machen. Wir würden keine Freude haben außer an Dingen, die den Sinnen begreiflich und erschaubar sind. Das ewige Licht, mit dem die Kindheit die Welt erhellt, wäre ausgelöscht.

Wenn Du nicht an den Weihnachtsmann glaubst, könntest Du genausogut nicht an Märchen glauben. Du könntest Deinen Papa dazu veranlassen, Leute anzustellen, die am Heiligen Abend alle Kamine bewachen würden, um den Weihnachtsmann zu fangen, aber selbst wenn keiner von ihnen den Weihnachtsmann herabsteigen sähe, was würde das beweisen? Kein Mensch sieht den Weihnachtsmann, aber das heißt nicht, daß es keinen Weihnachtsmann gibt. Die wirklichen Dinge im Leben sind die Dinge, die weder Kinder noch Erwachsene sehen können. Hast Du je die Elfen auf der Wiese tanzen sehen? Natürlich nicht, aber das ist kein Beweis, daß es sie nicht gibt. Kein Mensch kann sich all die Wunder ausdenken und vorstellen, die es ungesehen und unsichtbar in der Welt gibt.

Du kannst eine Kinderrassel aufbrechen und innen nachschauen, was das Geräusch verursacht, aber da gibt es einen Schleier, der die unsichtbare Welt verhüllt, den nicht der stärkste Mann zerreißen könnte, den nicht einmal alle stärksten Männer, die je gelebt haben, zusammen zerrreißen könnten. Nur Glaube, Phantasie, Poesie, Liebe und Romantik können diesen Vorhang heben und die übernatürliche Schönheit und Herrlichkeit dahinter erblicken. Ist das alles Wirklichkeit? O Virginia, es gibt in der ganzen Welt nichts, das wirklicher und beständiger wäre.

Gott sei Dank lebt der Weihnachtsmann und wird immer leben. In tausend Jahren, Virginia, nein, in zehnmal zehntausend Jahren wird er immer noch dasein, das kindliche Herz mit seiner Freude zu erfüllen.

Als Mr. Foley zu Ende gelesen hatte, sah er, daß Dr. Willoughbys Augen in Tränen schwammen. Das konnte nicht nur an dem anrührenden Zeitungsartikel liegen. In ihm stieg vielmehr eine Vermutung hoch. Leise fragte er: „Tiffany?"

Der Doktor nickte. „Leider kann ich für die Kleine nichts mehr tun", fügte er kaum vernehmbar hinzu. „Und was soll man einem Kind vom Weihnachtsmann erzählen, das kein nächstes Weihnachten mehr erleben wird?"

ALF hatte alles mit angehört. Und was er gehört hatte, war wie ein Schock! Traurig ließ ALF den Kopf auf die Brust sinken. Tränen kullerten aus seinen schwarzen Augen. Er merkte es nicht einmal. Jetzt war ihm plötzlich alles andere unwichtig. Von Mr. Foley und dem Doktor unbemerkt, kletterte er vom Schlitten und hastete zu Tiffanys Zimmer.

Irgendwie und irgendwann würde er sicherlich zu den Tanners wieder zurückfinden. Jetzt aber konnte er Tiffany nicht alleine lassen! Jetzt brauchte die Kleine unbedingt seine Hilfe!

Das Mädchen saß am Tisch und malte, als ALF in ihr Zimmer trat.

„ALF“, rief Tiffany überglücklich.

Doch ALF legte den Finger auf den Mund und bedeutete ihr, besser ruhig zu sein. Leise schloß er die Tür wieder hinter sich.

„Ich denke, du mußtest weg!“ flüsterte Tiffany und sah ihn fragend an.

Erneut befand sich ALF in einer peinlichen Situation. Die Wahrheit konnte er nicht sagen, also überlegte er fieberhaft, wie er seine plötzliche Rückkehr erklären sollte. Da fragte Tiffany auch noch, ob er vielleicht ihretwegen zurückgekommen sei.

ALF setzte eine ernste Miene auf. „Ja, ich wollte dir noch frohe Weihnachten wünschen. Und ich wollte nachsehen, ob noch mehr von diesen leckeren Plätzchen da sind.“

Genauso ernst sagte Tiffany, daß er schon alle Plätzchen aufgefuttert habe. Aber sie habe auch noch etwas anderes für ihn.

Umständlich kramte Tiffany in einem Kasten und holte ein Stück Zeichenkarton raus. Sie hielt es ALF vor die Nase. „Ich habe dich gemalt, um dich immer bei mir zu haben. Hoffentlich gefällt es dir.“ ALF kreischte erschrocken auf: „Das soll ich sein? Wo ist meine Nase?“ protestierte er.

„Es war zu wenig Platz auf dem Bild!“ entschuldigte sich Tiffany und lächelte.

ALF faßte sich zur Kontrolle an seinen Riffelrüssel. Dann deutete er auf die andere Person, die mit auf dem Bild zu sehen war. „Und wer ist denn das da mit den Flügeln?“

„Das bin ich. Erkennst du mich nicht?“ erkundigte sich Tiffany besorgt.

„Und ich dachte schon, du kämst vielleicht vom Planeten Bungaraya, dem Nachbarplaneten von Melmac. Die Bungarayer haben nämlich auch solche Flattermänner auf dem Rücken.“

Tiffany ignorierte ALFs Scherze. „Ich komme von der Erde, und die Flügel sind …"

„… wunderschön, Tiffany", unterbrach ALF sie ernst. Ihm tat sein Verhalten von vorhin leid.

„ALF, hast du manchmal Heimweh nach Melmac?" fragte das Mädchen jetzt ganz direkt.

ALF nickte. Er sah richtig traurig aus. „Ja, mein Planet fehlt mir sehr. Es war meine Welt, und ich kannte dort alles und jeden. Dort habe ich alles, was ich liebte, zurücklassen müssen. Am meisten aber vermisse ich meine Freunde."

Als ALF sah, wie auch Tiffany traurig den Kopf hängen ließ, versuchte er schnell, sie wieder aufzuheitern. „Aber als ich auf eure Welt gekommen bin, habe ich neue Freunde gefunden, Menschen wie die Tanners, bei denen ich lebe, und dich, Tiffany. Und ich habe eine Menge Dinge auf dieser Welt entdeckt, die wir auf Melmac nicht hatten."

Das wollte Tiffany nun genauer wissen.

Der Melmac dachte kurz nach, doch auf Anhieb fiel ihm außer Bürgersteigen und Tafelsilber nichts ein.

„Und wie war das mit Weihnachten bei euch auf Melmac. Gab es so etwas auch?" wollte Tiffany noch wissen.

„Natürlich gab es das bei uns. Das war jedesmal 'ne richtig scharfe Sache. Vor allem das Weihnachtsmenü: Katzen à la carte. Hm!" ALF verzog genüßlich das Gesicht. „Aber das Schönste war die Vorweihnachtszeit", fuhr er fort und kicherte. „Ein toller Spaß! Da haben wir uns unseren Festtagsbraten selbst gefangen. Ha! Ha!" ALF erstarb das Lachen im Munde, als er Tiffanys traurige Augen sah.

Wieder ernst werdend, sagte er: „Aber wenn ich mir so die Menschen bei euch hier ansehe, dann muß Weihnachten ein trauriges Fest sein. Die Tanners zum Beispiel kaufen Berge von Geschenken und sind doch die ganze Zeit über gereizt und genervt."

Das Mädchen nickte: „Das ist so, weil sie's nicht besser wissen. Beim Weihnachtsfest sollte es ja auch nicht um

Geschenke gehen, sondern darum, etwas von sich selbst zu geben. So hat das der Weihnachtsmann gesagt."

ALF war gerührt. Er tätschelte Tiffanys Hand. „Nun, seit ich dich kenne, Tiffany, weiß ich, was der Weihnachtsmann damit gemeint hat."

Die Kleine stand nun auf, kletterte auf einen Stuhl am Fenster und schaute sich den Sternenhimmel an. Dann fragte sie: „ALF, kommst du wirklich von irgendwo da oben?"

ALF nickte: „Ja, von irgendwo da oben!"

Das Mädchen seufzte tief vor sich hin und schaute ALF lange Zeit schweigend an, so, als wollte sie ihm was Wichtiges anvertrauen. Leise sagte sie dann: „Ich muß jetzt ins Bett. Sonst wird die Nachtschwester böse. Aber eine Bitte habe ich noch: ALF, kannst du so lange bei mir bleiben, bis ich eingeschlafen bin?"

„Klaro, null Problemo. Mach' ich doch gern!" ALF legte seine großen haarigen Pfoten wie schützend auf Tiffanys Bettdecke. Die Kleine schloß die Augen, um sie kurze Zeit später wieder zu öffnen. „Soll ich dir ein Geheimnis anvertrauen?" fragte sie.

Der Außerirdische nickte.

Tiffany machte eine kleine Pause, und dann erzählte sie mit zitternder Stimme: „Ich werde auch bald in eine andere Welt gehen müssen. Und da gibt es auch nichts, was man dagegen machen könnte. Aber ich habe trotzdem Angst davor. Ich weiß schon, daß ich keine Angst haben sollte. Aber sie ist einfach da."

ALF versuchte das kleine Mädchen zu beruhigen. Mit leiser Stimme sagt er: „Es ist schon gut, Tiffany. Jeder von uns hat vor irgend etwas Angst."

„Aber ich fürchte mich schon davor, abends einzuschlafen, weil ich Angst habe, daß ich nicht mehr aufwache!"

ALF überlegte eine Weile. Und dann hatte er die rettende Idee. „Tja, wenn du nicht einschlafen kannst, mach es wie ich. Denke ganz stark an das, was du am liebsten hast."

Tiffany erhob sich ein bißchen aus ihren Kissen. Ihre Augen leuchteten. „Meinst du so etwas wie Regentropfen auf einer Rose?“

„Ja, das ist etwas sehr Schönes“, lobte ALF.

„Oder das Fell eines Kätzchens?“ fuhr Tiffany begeistert fort.

Nun konnte ALF sich nicht mehr beherrschen. Den Ernst der Stunde vergessend, prustete er los: „Ha. Jetzt liegst du richtig!“ Und mit schmatzenden Lauten zeigte er deutlich, was ihm beim Thema Kätzchen einfiel.

Tiffany mußte so lachen, daß sie sich beinahe verschluckte. Doch gleich wurde sie wieder ganz ernst. Noch immer machte sie sich Gedanken über ihre Zukunft. „Vielleicht ist in der anderen Welt, in die ich gehe, das ganze Jahr Weihnachten?“

Von ALF war ein zustimmendes Grunzen zu vernehmen.

„Und alle Menschen wären meine Freunde!“

Auch davon war der Melmac ohne Zögern überzeugt.

„Und vielleicht sind dort alle genauso wie du, ALF?“

Jetzt schüttelte ALF nachdenklich den Kopf. „Na ja, man darf manchmal auch nicht zuviel des Guten erwarten.“

Tiffany hatte nun wieder die Augen geschlossen. Schon halb im Schlaf murmelte sie: „Ich hab’ dich wirklich gern, ALF!“

ALF drückte Tiffanys Hand zärtlich an seine Schnauze. „Ich mag dich auch, Tiffany!“ flüsterte er. Dann sah er, daß sie eingeschlafen war. Vorsichtig legte er ihre Hand zurück auf die Bettdecke und schlich sich zur Tür. Ganz leise öffnete er sie. Und noch einmal warf er einen langen Blick zurück – und zerdrückte unauffällig eine Träne im Augenwinkel.

Die Tanners hatten inzwischen ihre Hütte weihnachtlich geschmückt. Der Baum hatte seinen angestammten Platz bekommen, die Socken hingen am Kamin, und es duftete nach Apfelwein und Zimtplätzchen.

Willie war rundum zufrieden. Gerade öffnete er den Brief

von Mr. Foley und las erstaunt, was dort schwarz auf weiß geschrieben stand. „He, Kate, komm, sieh dir das mal an!“ rief er ungläubig.

Brian hatte seinen Vater beobachtet. Er fand es überhaupt nicht gut, daß Willie sich nicht an die Abmachung hielt. Mr. Foley hatte sie gebeten, den Brief erst zur Bescherung zu öffnen. Und das, was sein Vater gerade gemacht hatte, war ein klarer Regelverstoß. Gelbe Karte!

Doch Willie war viel zu sehr vom Inhalt des Briefes fasziniert, um die Proteste seines Sohnes überhaupt zur Kenntnis zu nehmen, geschweige denn ein schlechtes Gewissen zu bekommen.

Inzwischen hatte auch Kate den Brief gelesen. Überrascht ließ sie ihn sinken: Mr. Foley hatte den Tanners seine Hütte überschrieben!

Willie riß ihr hektisch das Stück Papier aus der Hand. Vollkommen gerührt las er die letzten Zeilen vor: „ … und ich hoffe, Ihre Familie feiert noch viele schöne Weihnachtsfeste hier in dieser Berghütte.“ Willie machte eine Pause. „Wir können diese Hütte doch unmöglich als Geschenk annehmen!“

Brian widersprach heftig: „Warum denn nicht?! Ich finde es toll hier. Viel besser als in unserem öden Haus. Nicht mal ein Lagerfeuer kann ich da anzünden. Und Lynn möchte auch hierbleiben.“

Da kannte er aber seine Schwester schlecht. Lynn war da ganz anderer Meinung: „Nein, nein“, wehrte sie ab. „Ich möchte hier nicht begraben sein. Gegen einen gelegentlichen Besuch, wenn wir zufällig in der Gegend sind, habe ich allerdings nichts einzuwenden.“

Jetzt fiel Brian auf, daß einer noch nicht seinen Senf zu diesem Thema abgegeben hatte. Jemand, der sonst immer der erste auf der Rednerliste war, wenn wichtige Familiendiskussionen anstanden. „Hat jemand ALF gesehen?“ fragte er.

Alle schauten sich ratlos an. Seit dem Zwischenfall mit der Gifteiche war der Außerirdische verschwunden. Wie auf ein Kommando spritzten alle auseinander, zur Garderobe, um ihre Winterjacken anzuziehen. Da half nichts. Sie mußten raus in die kalte Nacht und ALF suchen gehen. Vielleicht gab es hier wilde Tiere, die einem außerirdischen Leckerbissen nicht abgeneigt waren. Willie und Pfadfinder Brian organisierten die Suche nach ihrem verlorengegangenen Freund. Mit Taschenlampen ausgerüstet schwärmten sie aus. Meter für Meter suchten sie das Gelände ab, Stunde um Stunde. Ständig riefen sie nach dem Melmac. Doch vergeblich!

Willie, der sich am meisten für ALFs Verschwinden schuldig fühlte, schlug schließlich vor: „Kinder, es wird zu kalt. Ihr geht besser zur Hütte zurück. Ich suche allein weiter."

Brian protestierte lautstark. Schließlich war ALF in einer besonderen Weise sein Freund. Und den wollte er so lange suchen, bis er ihn gefunden hatte.

Auch Lynn hatte Angst um ALF. „Vielleicht ist er in eine Falle geraten? Oder Jäger haben ihn erschossen?" malte sie das Schicksal des kleinen Außerirdischen in den dunkelsten Farben aus.

„Das glaube ich nicht", versuchte Willie seine Tochter zu beruhigen. „ALF ist viel herumgekommen ..."

„Ja ... er hatte ein gutes Leben ..." unterbrach Kate ihren Mann.

Willie sah sie nur irritiert an: „Nein, was ich meine, ist, äh ... Ich bin sicher, ALF weiß, wie man in Deckung bleibt."

Genau das war aber im Moment ALFs größtes Problem. Wie sollte er unbemerkt verschwinden? Nachdem er Tiffanys Zimmer verlassen hatte, suchte er sich zunächst mal ein Versteck zwischen Grünpflanzen und einem riesengroßen Aquarium, die beide in ihrer ganzen Häßlichkeit das Foyer schmückten. Hier konnte er in Ruhe erst mal die Lage peilen. Immer wieder mal huschte eine Krankenschwester über den hell erleuchteten Flur. Ansonsten war alles sehr ruhig. Die Luft schien jetzt rein zu sein. Vorsichtig lugte ALF hinter dem Aquarium hervor, nicht ohne die Fische, die ihn dumm anglotzten, aufzufordern: „Okay, Jungs ... gebt mir Dekkung!“

ALF wollte gerade unbemerkt dem Ausgang zustreben, als mit quietschenden Reifen ein Auto vorfuhr. Eine Notaufnahme! Blitzschnell machte der Melmac kehrt und suchte verzweifelt nach einem neuen Versteck. Mr. Foleys Schlitten stand wie bestellt mutterseelenallein in der Halle. Und oben drauf lag zusammengeknüllt das Kostüm des Weihnachtsmannes. Mit ein paar Schritten und einem filmreifen Sprung war ALF unter dem Bündel verschwunden.

Dem Auto war inzwischen ein Mann entstiegen. Und während seine hochschwangere Frau ächzend und stöhnend auf dem Beifahrersitz ruhte, lud der nervöse Ehemann und Nochnichtvater solche für eine Geburt wichtigen Gegenstände wie Kamera, Stativ, Blitzlicht, Kassettenrecorder und Mozartkassetten aus. Gerade wollte er damit ins Hospital hecheln, als ihm einfiel, daß er noch etwas vergessen hatte: „O mein Gott, Denise ... ich komm' schon, Schätzchen. Ich hätte dich noch geholt ...“ versicherte er.

Das Schätzchen verdrehte nur die Augen und atmete schwer. Es war offensichtlich: Denises Baby wollte nicht mehr länger warten.

Inzwischen waren Dr. Willoughby und zwei Schwestern herbeigeeilt. Doch irgendwie hatte niemand in dem ganzen Durcheinander daran gedacht, eine Trage oder etwas Ähnliches mitzubringen. Da Denise immer schwerer atmete und stöhnte, packte Dr. Willoughby sie kurz entschlossen auf Mr. Foleys Weihnachtsschlitten.

Und so kam es, daß sich die wohl seltsamste „Prozession“, die das Krankenhaus je erlebt hatte, auf den Weg in den Kreißsaal machte.

Dr. Willoughby versuchte den aufgeregten Ehemann zu

beruhigen: „Es ist alles in Ordnung. Alles läuft bestens. Das Baby wird gleich dasein.“

„Aber was ist mit dem Atmen? Müssen wir nicht Atemübungen machen?“ wollte Richard, der Ehemann, wissen.

„Tja, ob Übung oder nicht ...“ Dr. Willoughby gluckste vor Lachen. „Wir werden wohl weiteratmen müssen.“

Doch Richard war auf solcherlei Scherze heute nicht eingestellt.

„Doktor, ich glaube, Sie verstehen nicht“, sagte er unwillig. „Wir haben monatelang das Atmen geübt. Sie wissen doch ...“ Stolz demonstrierte Richard nun sein Können und entlockte seinen Bronchien Töne, die einer ausrangierten Dampflokomotive alle Ehre gemacht hätten. „Und es ist doch hoffentlich erlaubt“, fuhr er fort, „bei der Geburt dabeizusein. Ich möchte daran teilnehmen, wenn es geschieht.“

„Sie dürfen die Nabelschnur abschneiden“, versuchte ihn Dr. Willoughby zufriedenzustellen.

Richard wurde kreidebleich und gab plötzlich nur noch irgendwelche Würgelaute von sich. So hatte er das nun auch wieder nicht gemeint!

Inzwischen war man am Ende des Ganges angekommen. Der Schlitten mit Denise und dem immer noch unter dem Kleiderbündel verharrenden ALF wurde in einen Aufzug geschoben, der zur Entbindungsstation führte. Und dann ging alles ganz schnell. Richard hatte unbedingt noch ein Erinnerungsfoto von seiner Denise machen wollen und deshalb die Schwestern und Dr. Willoughby gebeten, den Aufzug zu verlassen. Er selbst stand wenige Meter vor der automatischen Tür und fingerte nervös an seinem Belichtungsmesser herum. In dem Augenblick mußte jemand versehentlich den Startknopf berührt haben. Die Tür klappte zu, der Aufzug mit Denise und ALF setzte sich in Bewegung, um Sekunden später ruckartig stehenzubleiben.

Sie saßen fest.

Denise schrie, so laut sie konnte.

Richard schrie, sie solle das Atmen nicht vergessen!

Und auch Dr. Willoughby schrie, es werde gleich jemand kommen und sie befreien.

Doch Denise war auf diese Weise nicht zu beruhigen. „Bitte ... bitte helft mir! Ich bin hier so allein", schluchzte sie.

„Irrtum!" ertönte es da aus dem Kleiderbündel. Und null Komma nichts wuchs ALF vor Denise aus dem Boden. Er hatte Mr. Foleys Mantel verkehrt herum angezogen. Mit viel Phantasie konnte man seiner Aufmachung eine entfernte Ähnlichkeit mit einem Ärztekittel bescheinigen.

„Dr. Gordon Shumway!" stellte der Melmac sich höflich vor.

Denise war auf soviel Höflichkeit gar nicht eingestellt. Ihre Antwort bestand aus einem markerschütternden Schreien.

„Ich weiß, ich weiß!" ALF versuchte beruhigend zu wirken.

Doch Denise schrie weiter.

„Sie wiederholen sich", meinte Dr. Shumway gereizt. „Ihre Stimme geht mir langsam auf die Nerven. Und jetzt entspannen Sie sich bitte. Ich werde Ihnen einen ..."

„Keine Drogen!" Denise brach abrupt ihren Dauerton ab. „Sind Sie überhaupt Arzt?" Sie sah ALF zweifelnd an.

„Nun, ja ... äh ... von Melmac. Von der Melmac-Klinik in Minneapolis", stotterte der selbsternannte Doktor, um sich sofort wieder zu fangen: „Denise, wir sind im Aufzug stekkengeblieben! Das ist wohl nicht der Moment, meine Referenzen in Frage zu stellen. Ich schlage ernsthaft vor, Sie beruhigen sich jetzt. Also, was haben wir denn für ein Problem?"

Denise konnte es nicht fassen. „Was für ein Problem? Mann ... ich kriege gleich ein Baby!" Sie atmete schwer. „Bitte, Herr Doktor, würden Sie mir jetzt endlich sagen, was ich tun soll?"

„Null Problemo! Ich muß Ihnen nur noch eine Reihe von Fragen stellen."

„Okay, welche?“ fragte Denise apathisch. Ihr war jetzt alles egal.

Dr. Shumway setzte eine ernste Miene auf. „Erstens: Wo genau kommen die Babys her?“

Das war zuviel für Denise. Mit der letzten ihr noch zur Verfügung stehenden Kraft rappelte sie sich hoch und wollte ALF an die Gurgel.

„Sie wollen Arzt sein“, keuchte sie, „und wissen nicht einmal, wo die Babys herkommen ...“

ALF wich ihr aus und murmelte als Entschuldigung, daß er schließlich nicht verheiratet sei.

In dem Moment setzte die Geburt auch schon ein! Dr. Shumway, obwohl ledig und eben noch bar jeder gynäkologischen Kenntnisse, tat sein Bestes. Das heißt: eigentlich hielt er nur die Hand von Denise und feuerte sie begeistert an: „Pressen, pressen! Gleich ist es soweit!“

Nach ein paar Minuten war alles vorüber, und Denise hielt überglücklich das süßeste Baby auf der Welt in den Armen.

ALF hingegen kauerte fix und fertig in der Ecke des Fahrstuhls. Seinen „Arztkittel“ hatte er achtlos auf den Schlitten geworfen. „Kein Wunder, daß Ärzte so gut bezahlt werden“, murmelte er matt.

„Doktor Shumway“, hörte er da Denise sagen. „Wenn Sie nicht gewesen wären .... Wie soll ich Ihnen nur danken.“

Nun, ALF war um einen Vorschlag nicht verlegen: „Sie könnten dem Baby meinen Namen geben.“

„Ist Gordon nicht ein etwas unüblicher Name für ein Mädchen?“ gab die junge Mutter zu bedenken. „Oder haben Sie auch nicht bemerkt, daß es kein Junge ist?“

„Ach, äh ... ja, ja, doch – natürlich!“ ALF war etwas verlegen. „Natürlich habe ich es gesehen. Ich hatte es bloß vergessen. Sie müssen wissen ... ich hab' jetzt so viel im Kopf ... Nächste Woche habe ich ein Golfturnier, morgen ist die Dinnerparty bei Phyllis, und am Wochenende bin ich zur Jagd eingeladen. Zur Katzenjagd. Ha!“

Denise schaute ALF leicht irritiert an. „Wir brauchen einen netten, hübschen Namen für ein nettes, hübsches Mädchen."

„Wie wär's mit Tiffany?" schlug ALF vor.

„Tiffany ... ja, das ist ein netter Name. Tiffany", sagte Denise noch einmal und drückte ihr Baby liebevoll an sich.

Dr. Willoughby hatte inzwischen eiligst Mr. Foley holen lassen. Der schien ihm mehr technisches Verständnis zu haben als er und alle Schwestern zusammen. Und Mr. Foley schaffte es tatsächlich, den steckengebliebenen Aufzug wieder zu reparieren.

Ungefähr eine Stunde später konnte ein überglücklicher Richard seine überglückliche Denise und die kleine Tiffany – die eigentlich ein Sam hätte werden sollen – in die Arme schließen.

Richard war nun nicht zu bremsen. Denise und das Baby mußten ein wahres Blitzlichtgewitter über sich ergehen lassen, bevor sie weiter von den Schwestern versorgt werden konnten. Nur auf Denises wiederholte Fragen nach einem gewissen Dr. Gordon Shumway wußte keiner so recht eine Antwort. Offensichtlich hatte sie diese schwerste Stunde ihres Lebens doch nicht so ganz unbeschadet überstanden.

„Es ist jetzt alles in Ordnung, Denise", sagte Dr. Willoughby. „Ich bin ja bei Ihnen. Aber nicht Shumway, Willoughby ist mein Name."

Denise und ihr Baby wurden nun auf eine Trage gelegt und in eines der Krankenzimmer gebracht.

ALF selbst hatte sich rechtzeitig wieder unter dem Kleiderbündel auf Mr. Foleys Schlitten verkrochen und harrte nun der Dinge, die da kamen. Er hatte kaum noch Hoffnung, jemals wieder aus diesem Krankenhaus herauszukommen.

Nun standen nur noch Dr. Willoughby und Mr. Foley auf dem Flur. Der Doktor nahm den alten Mann etwas zur Seite und bedeutete ihm, daß er mit ihm sprechen wollte. Aus der Tasche zog er den Umschlag, den Mr. Foley ihm gegeben hatte. Genau wie Willie Tanner hatte auch er der Versuchung nicht widerstehen können und den Brief geöffnet.

Vorwurfsvoll sah er Mr. Foley an. „George, das müssen doch die Ersparnisse Ihres ganzen Lebens sein!“

„Ach, das war nur eine Steuerrückzahlung!“ wehrte dieser ab.

„Und außerdem sollten Sie den Brief erst morgen öffnen!“ tadelte Mr. Foley mit müder Stimme. Er schien mit seinem Nikolauskostüm auch die Fröhlichkeit des Weihnachtsmannes abgelegt zu haben.

„Ich kenne niemanden, der in dieser Höhe Steuerrückzahlungen erhält.“ Dr. Willoughby zweifelte sehr an Mr. Foleys Erklärung. „Wirklich, ich würde gern etwas ausführlicher mit Ihnen darüber sprechen. Könnten Sie nicht morgen mal bei mir vorbeischauen?“

Aber Mr. Foley schüttelte den Kopf. „Morgen, ja morgen habe ich leider schon etwas anderes vor“, antwortete er matt.

Der Arzt sah, was in dem alten, einsamen Mann vorging. Und er spürte, daß etwas nicht in Ordnung war. „George“, versuchte er es erneut, „manchmal, wenn wir jemanden verlieren, den wir lieben, ist um uns alles dunkel. Ich weiß genau, was Margaret Ihnen bedeutet hat …“

Mr. Foley aber wollte nicht über dieses Thema sprechen. Er drehte sich um, nahm seinen Schlitten und sagte leise: „Gute Nacht, Ted. Und frohe Weihnachten!“

Bei den Tanners war inzwischen Bescherung. Doch es wollte keine rechte Fröhlichkeit aufkommen. Mit dem Weihnachtsfest, von dem Willie so geschwärmt hatte, war dieses jedenfalls nicht verwandt.

Willie mühte sich verzweifelt, aus vielen verschiedenen Einzelteilen Brians Fahrrad zusammenzusetzen. „Äh, dann schieben Sie die Scheibe, äh … schieben Sie diese … Scheibe … Wieviel Scheiben soll man eigentlich noch irgendwo hinschieben?“ schimpfte er.

Brian hatte an der Puzzelei seines Vaters allerdings nur wenig Interesse. Er sprach endlich aus, was alle dachten: „Papa, kommt ALF wieder nach Hause?“

Willie versuchte, Zuversicht zu verbreiten, was ihm aber nur mäßig gelang. „Unkraut vergeht nicht!“ probierte er es noch mit einem Scherz.

Brian aber schaute ihn nur genervt an. „Hoffentlich gibt es keinen Schnee!“ murmelte er. In Gedanken malte er sich bereits aus, wie ALF verlassen, allein und durchgefroren durch den tief verschneiten Winterwald irrte.

Der, von dem sie sprachen und bei dem ihre Gedanken waren, saß derweil hinten in Mr. Foleys Lieferwagen. Er hatte sich erneut Mr. Foleys Kostüm angezogen. Diesmal aber richtig rum. Im Radio hörte man Weihnachtsmusik. Gerade wurde „Stille Nacht, Heilige Nacht“ gespielt. Dann sagte der Sprecher mit feierlicher Stimme: „Ach, was für ein wunderschönes Lied für den Weihnachtsabend. Aber werfen wir noch mal einen Blick auf die Wettervorhersage. Ich bin sicher, daß unsere Hörer das mit Interesse verfolgen werden. Es gibt gute Nachrichten für alle, die von einer weißen Weihnacht träumen. Die Wetterstation sagt zehn bis fünfzehn Zentimeter Neuschnee voraus in Höhen bis zu tausend Metern und dreißig bis fünfunddreißig Zentimeter im Gebirge.“

Draußen fing es bereits leicht zu schneien an. Und wieder war der Rundfunksprecher zu hören: „Und da gibt es wohl nur ein Lied, das ich jetzt passenderweise vorspielen darf: ‚White Christmas!‘ Vorher aber singt Ihnen noch Perry Como sein Lied vom Spielzeugland.“

Bei Perry Como horchte ALF auf. Sein Lieblingssänger! Aber im selben Moment drehte Mr. Foley das Radio ab. ALF schüttelte resignierend den Kopf. Das jetzt auch noch!

Der Schnee wurde dichter, und Mr. Foley konnte nur noch im Schrittempo fahren. Plötzlich hielt er an. Die Scheibenwischer arbeiteten weiter. Mr. Foley warf einen langen Blick durch die Scheibe in das Dunkel vor ihm. Undeutlich waren die Schemen einer Brücke aus Stahl zu erkennen. Draußen war es völlig ruhig. An diesem Weihnachtsabend im Schnee war niemand mehr unterwegs.

Und dann stieg Mr. Foley aus und ging langsam auf die Brücke zu. Eine Zeitlang starrte er über das Brückengeländer in den Fluß unter ihm.

ALF hatte alles genau beobachtet. In diesem Moment wurde ihm schlagartig klar, was Mr. Foley vorhatte. Das Versteckspiel hatte nun ein Ende. Er mußte sich einmischen.

Hastig kletterte ALF aus dem Auto. Gerade, als der alte Mann über das Geländer steigen wollte, rief ALF, so laut er konnte: „Nein, tun Sie das nicht!“

Mr. Foley drehte sich erschrocken um. „Wer bist du?“ fragte er unwirsch. „Verschwinde und laß mich in Ruhe!“ Wieder versuchte er, über die Brüstung zu steigen.

„Tu's nicht, George!“ rief ALF noch einmal. Jetzt stand er in seinem Weihnachtsmann-Kostüm direkt hinter Mr. Foley.

„Wer bist du?“ fragte der noch einmal. „Woher kennst du meinen Namen? Moment mal, bist du nicht diese komische Puppe, die ich den ganzen Tag herumgekarrt habe? Was für ein Wesen bist du?“

ALF hatte erreicht, was ihm zunächst als das Wichtigste erschien. Er hatte Mr. Foley in ein Gespräch verwickelt und Zeit gewonnen. Und dann erzählte er Mr. Foley seine Geschichte, dieselbe, die er vor Stunden auch der kleinen Tiffany erzählt hatte.

Mr. Foley wischte sich über die Augen, so, als wollte er etwas von sich wegscheuchen. Dann schüttelte er den Kopf: „Nein, nein, das kann nicht sein. Du bist ein Produkt meiner Einbildung, und es gibt dich überhaupt nicht. Wenn es dich gibt, dann nur in meiner Phantasie. Vielleicht bin ich schon krank. Vielleicht werde ich verrückt. Aber ich glaube nicht an Außerirdische von anderen Planeten. Du existierst nicht!“

ALF hatte sich Mr. Foleys Selbstzweifel mit Interesse

angehört. Ungerührt stellte er fest: „Ich komme mir vor wie in einer Regierungsdebatte."

Nun schaute sich Mr. Foley dieses merkwürdige sprechende Wesen noch einmal genauer an. Plötzlich glaubte er zu erkennen, wen er vor sich hatte. Erleichtert stieß er hervor: „O mein Gott, du bist der Weihnachtsmann. Der heilige Nikolaus! Natürlich. Dasselbe breite Gesicht und der kleine runde Bauch ..."

ALF schaute nur etwas überrascht an sich herunter, sagte aber keinen Ton. Egal, wenn er Mr. Foley das Leben retten konnte, wollte er auch gern der Nikolaus sein.

„Warum läßt du mich nicht in Ruhe? Hast du nicht genug damit zu tun, durch die Kamine zu fahren und den Kindern Spielzeug zu bringen?" erkundigte sich Mr. Foley.

ALF erklärte ihm, daß das heute alles ganz anders sei. Er sei der leitende Oberweihnachtsmann und müsse die ganze Verantwortung an Leute wie Mr. Foley delegieren.

„Wieso an mich?" wollte Mr. Foley wissen.

Da hatte ALF wieder eine von seinen Sternstunden. Ihm fiel im rechten Moment immer das Richtige ein: „Wer wäre besser geeignet als du? Du hast Brian Tanner ein Weihnachten ermöglicht, wie es sein Vater in seiner Kindheit hatte. Ein Weihnachten, an das er sich sein ganzes Leben lang erinnert hat. Du bringst Berge von Spielzeug ins Krankenhaus. Und du zauberst ein Lächeln auf das Gesicht eines todkranken Kindes. Ob du es wissen willst oder nicht, George: Du hast immer andere Menschen glücklich gemacht." ALF holte tief Luft und schaute Mr. Foley erwartungsvoll an.

„Woher weißt du das alles?" wollte der wissen.

„Hey, der Weihnachtsmann wird das wohl noch wissen. Er weiß, wann ihr schlafen geht, er weiß, wann ihr aufwacht, er weiß, ob ihr böse oder brav gewesen seid. Du kennst ja diesen ganzen Schmonzes!"

„Ja, dann weißt du auch, warum ich nicht mehr weiterleben kann!"

Mr. Foleys Rettung erforderte wirklich ALFs ganzen Einsatz. Er nickte und hub noch mal zu einer langen Rede an: „Ja, Margaret ist tot. Das ist sehr traurig. Man fühlt sich verloren auf dieser Welt. Du darfst mir glauben, daß ich das nachfühlen kann. Aber du hast noch ein paar andere Aufgaben zu erledigen. Du kannst die Leute nicht einfach im Stich lassen, die dich nötig brauchen."

Er machte eine kurze Kunstpause, schaute Mr. Foley prüfend an und fuhr dann fort: „Und wenn du Weihnachten wirklich begreifen willst, George, dann vergiß eines nicht: An Weihnachten geht es nicht darum, was du bekommst, sondern darum, was du von dir selbst zu geben vermagst. Ich habe das von einem kleinen Mädchen gelernt. Das ist noch gar nicht lange her. Wer weiß, woher sie das wußte. Und du bist ein guter Mensch, George!"

In Erinnerung an die kleine Tiffany huschte ein Lächeln über das Gesicht des alten ehrenamtlichen Weihnachtsmannes, der müde auf der Brücke im Schnee stand.

Abrupt wechselte ALF seine Stimmlage. Als leitender Oberweihnachtsmann erklärte er nun streng: „Ich kann es mir nicht leisten, dich zu verlieren. Komm jetzt, bring den Lieferwagen wieder auf die Straße. Wir beide haben noch genug zu tun."

ALF hatte gewonnen. Mr. Foley nickte und folgte ihm durch den dichten Schnee zum Auto.

ALF kletterte auf den Beifahrersitz und bat Mr. Foley, ihn nach Hause zu fahren.

„Nach Hause? Zum Nordpol? Ich fürchte, da reicht das Benzin nicht."

Geschickt disponierte ALF kurzfristig um: „Dann bring mich bitte zu Willie Tanner. Ich überlege, ob ich ihn nicht auch anwerben soll. Er ist gar nicht so unbegabt."

Mr. Foley konnte schon wieder lachen. Er startete den Wagen, und dann ging es in langsamer Fahrt im dichten Schneetreiben hinauf ins Gebirge.

Vor der Hütte der Tanners angekommen, verabschiedete sich Mr. Foley vom Oberweihnachtsmann und wünschte ihm frohe Weihnachten. Er hatte tatsächlich noch etwas vor. Doch ALF wußte in diesem Moment genau, daß er keine Angst mehr um ihn haben mußte.

In der Berghütte war die Stimmung inzwischen auf dem Tiefpunkt angelangt. Willie schlief mit halboffenem Mund auf der Couch und gab alles andere als Weihnachtschoräle von sich. Auf dem Boden lagen Hunderte von Fahrradschrauben und Zubehörteilen verstreut. Lynn und Brian saßen am Tisch, und Kate schenkte ihnen heißen Kakao ein.

Plötzlich brach Brian in Tränen aus: „Das ist das schlimmste Weihnachtsfest, das wir je hatten!"

Im selben Moment hörte Lynn Geräusche auf dem Dach, dann ein mächtiges Poltern. Schnee rieselte in den Kamin und löschte das Feuer. Entsetzt schrien die Tanners auf.

Rumms! Wie es sich für einen richtigen Weihnachtsmann gehörte, hatte ALF tatsächlich den Weg über den Kamin zurück zur Familie genommen. Nach seiner etwas unsanften Landung schüttelte er sich und quatschte sofort los: „Fröhliche Weihnachten, ihr Lieben! Was starrt ihr mich so an? Ich bin's, euer Alfilein!"

Die Überraschung war natürlich riesengroß. Vor Freude, ihr außerirdisches Familienmitglied endlich unbeschadet wiederzuhaben, drückten und umarmten die Tanners ALF so sehr, daß er schon befürchtete, zu ersticken. Als die Begrüßungsorgie endlich vorbei war, konnte ALF ihnen erzählen, was er alles erlebt hatte. Und als die Sprache auf die kleine Tiffany kam, hatte Willie eine Idee ...

Tiffany hatte inzwischen Besuch von Mr. Foley bekommen. Er hatte schon auf der Brücke beschlossen, das kranke Kind erneut zu besuchen und ihm die Langeweile zu vertreiben. Gemeinsam spielten sie mit dem Teddybären, den Tiffany vom Weihnachtsmann geschenkt bekommen hatte.

Plötzlich ging die Tür auf, und Kate, Lynn, Brian und Willie marschierten herein. Brian hatte Geschenke unter dem Arm.

„Hallo, Tiffany, wir sind die Tanners!“ begrüßte Kate das Mädchen überschwenglich. Lynn zeigte der Kleinen ein Polaroidfoto von ALF. „Ich glaube, wir haben einen gemeinsamen Freund“, sagte sie und zwinkerte Tiffany zu.

Tiffany sah auf das Foto. „ALF!“ rief sie überrascht.

Lynn legte warnend den Finger auf den Mund. ALFs wahre Identität sollte schließlich vor Mr. Foley ein Geheimnis bleiben.

Während Brian dem Mädchen die Geschenke überreichte, ergriff Willie die Gelegenheit, ein paar Worte mit Mr. Foley zu sprechen.

„Wissen Sie, George, halten Sie uns bitte nicht für undankbar. Wir können Ihnen gar nicht genug für Ihr Geschenk danken. Sie wissen ja, wie wir die Hütte lieben. Aber ich glaube nicht, daß wir genug Zeit haben werden, oft dort zu sein. Deshalb meine ich, andere Leute sollten auch die Gelegenheit haben ...“

„Mit anderen Worten: Sie bekommen sonst Probleme mit dem Finanzamt!“ unterbrach ihn Mr. Foley.

Willie nickte erleichtert. Mr. Foley hatte ihm seine Notlüge abgekauft.

„Dann werde ich die Hütte eben selbst behalten und euch nächstes Jahr wieder einladen“, beschloß der alte Mann.

Währenddessen hatte Kate Tiffany leise gebeten, mal einen Blick aus dem Fenster zu werfen. Tiffany kletterte auf einen Stuhl und schaute hinaus. Unten stand Familie Tanners Auto. Und darin saß ALF. Er winkte Tiffany zu. Wieder und immer wieder. Beide schauten sich lange an. Wie richtige Freunde. Dann flüsterte Tiffany: „Ich mag dich sehr, ALF, und ich werde dich nie vergessen, egal, wo ich auch sein werde.“

Von Rainer Büttner ist im Loewes Verlag erschienen:

ALF – Hallo da bin ich

Sein Heimatplanet ist explodiert. Sein Raumschiff ist abgestürzt. Er sitzt in der Klemme, aber ALF läßt sich nicht unterkriegen.

Der Anfang einer rührend und umwerfend komischen Geschichte des kleinen rothaarigen Monsters aus dem All.

ALF – Ich will alles

ALF fühlt sich wohl bei der Familie Tanner und lebt nach seinem Wahlspruch: „Null Problemo! Wo ich bin, ist das Chaos!“ Willie ist ein Nervenbündel und Kate oft am Rande der Verzweiflung. Dann aber kommt der Weihnachtsmann und macht aus ALF – fast – einen Engel.

ALF – Lieber ich als keiner

„Lieber ich als keiner!“ meint ALF und meint dies durchaus ernst. Denn Bescheidenheit ist überhaupt nicht seine Zier. Auch in diesem Band mischt der liebenswerte und unverschämte Knuddelchaot die Tannersche Familienidylle wieder kräftig auf.

ALF – Total gut drauf

ALF bestätigt sich als großer Menschenfreund. Ob er im Liebeskummer beisteht oder das Geheimnis um Willies ewig kaputtes Auto aufklärt – das Chaos ist vorprogrammiert. Doch damit nicht genug: Bei den Tanners kündigt sich Nachwuchs an – und damit ein neues Problem.

ALF – Alles paradieso

ALF macht eine schreckliche Entdeckung: Er ist gegen Babys allergisch. Doch damit nicht genug, er wird auch noch vom Unglück verfolgt. Ein Fluch, der nur durch ein ziemlich umständliches Zeremoniell von ihm genommen werden kann, wie er behauptet. Die geplagten Tanners müssen sich wohl oder übel dreinfügen – aber sie sind ja von ihrem außerirdischen Liebling inzwischen einiges gewöhnt.

ALF – Volle Fahrt voraus

Wenn ALF einmal nicht im Mittelpunkt des Familienlebens steht, kann das schlimme Folgen haben. Und obwohl die Tanners von ihrem außerirdischen Freund schon einiges gewöhnt sind, schafft er es immer wieder, sie mit unmöglichen Einfällen an den Rand der Verzweiflung zu bringen. Neue umwerfend witzige Geschichten mit dem rostroten Zottelmonster vom Planeten Melmac.

ALFs Ratgeber

Nerv dich selbst

Die neuen Tests zur Selbstfindung

Wer bin ich – und wie bin ich? Das sind Fragen, die wohl jeden von uns tief bewegen. Jetzt liegt endlich die Antwort vor: Mit diesem Ratgeber führt uns ALF in seiner unnachahmlichen Art glasklar vor Augen, wie es mit unserem Seelenleben wirklich bestellt ist.

Die Tests klopfen unsere individuellen Stärken und Schwächen in allen Lebenslagen ab. Die Fragen reichen von den kleinen Sorgen des Alltags bis zu den verborgensten Winkeln der Persönlichkeit. Ein Handbuch, das kräftig die Lachmuskeln strapaziert.

Und Lachen ist schließlich gesund!

ALFs Ratgeber

Wie benehm' ich mich daneben?

Das neue 1 x 1 des guten Tons

Die menschlichen Umgangsformen in ein allgemeingültiges Regelwerk zu fassen, daran haben sich schon viele versucht – unter anderem so berühmte Köpfe wie der Freiherr von Knigge. Mit dem Erscheinen des vorliegenden Ratgebers werden alle Klassiker der feinen Sitten mit einem Schlag zu Makulatur. Wer dieses „neue 1 x 1 des guten Tons“ gelesen hat, der weiß: ALF sorgt für die Revolution des gesellschaftlichen Lebens.

Von Inge Maass ist im Loewes Verlag erschienen:

ALF – Alles Gute kommt von oben

Plötzlich gibt es einen Knall – und dann steht ein Raumschiff mitten in der Garage. Im ihm hockt ALF. Aber nicht genug, daß er das Dach demoliert hat: Ohne zu zögern, quartiert er sich bei der Familie Tanner ein. Und damit fangen die Schwierigkeiten an.

So ist es reichlich problematisch, ALF vor den Nachbarn zu verbergen. Unbekümmert, neugierig und tolpatschig, wie er ist, schafft er immer neue „haarige“ Situationen.

Doch auch wenn das Leben mit ALF noch so aufregend ist, im Flug gewinnt er die Herzen der ganzen Familie.

Acht neue liebenswerte ALF-Geschichten in einer leicht verständlichen und witzigen Sprache.

ALF – Alles für die Katz

ALF hat sich prima bei den Tanners eingelebt. Jetzt, da sein Raumschiff endgültig hin ist, denkt niemand mehr an seine Rückkehr zum Planeten Melmac – am wenigsten ALF selbst. Alle mögen ihn, auch wenn er manchmal ganz schön nerven kann. Von seinem Versteck im Wohnzimmerschrank aus beteiligt ALF sich unsichtbarerweise am Plausch mit den Gästen. Außerdem liegt er im Dauerstreit mit dem Nachbarhund Boris B. Aber bei allem Übermut: ALF hat ein gutes Herz. Er rettet ein Kätzchen vor einem finsteren Typen, und er besorgt Brian eine Freundin.